2024年度版

金融業務 **3** 級

シニアライフ
・相続コース

試験問題集

一般社団法人 **金融財政事情研究会**

◇ は じ め に ◇

　本書は、金融業務能力検定「金融業務3級　シニアライフ・相続コース」を受験される方の学習の利便を図るためにまとめた試験問題集です。

　今後ますます進展する高齢化社会において、シニア（高齢者）層は、現役時代とは異なるさまざまな課題に直面することが予想されます。

　いわゆるリタイアメントマネジメントをはじめ、親の相続だけでなく自己の相続までを視野に入れた相談が、金融機関の窓口・渉外担当者に寄せられている最近の実情は、シニア（高齢者）層のこうした悩みを反映したものといえます。

　具体的には、年金・社会保険、医療・介護、資産管理、エンディングノートの活用、税金等は、定年退職後の生活に不安を抱くシニア（高齢者）層の関心が高い分野といえます。言い換えれば、相談を受けた内容に対して、的確に返答できる知識・対応力を有しているかは、リテール業務における大きな収益源となっているシニア（高齢者）層取引の深耕に大きく影響することになります。

　本書は、本試験の趣旨・目的に則し、合格に必要とされる基本知識と応用力に主眼を置いて構成しています。しかし、出題範囲のすべてを網羅しているわけではありません。そのため、本書と併せて、基本教材である通信教育講座「シニア層からの相談［Q&A］講座」（一般社団法人金融財政事情研究会）にも取り組まれることをお勧めします。

　本書を有効に活用して、「金融業務3級　シニアライフ・相続コース」試験に合格され、日常の業務に活かされることを願ってやみません。

2024年6月

一般社団法人　金融財政事情研究会

検定センター

◇◇目　次◇◇

第２章　社会保険等に関する相談

第3章　住まいや財産管理に関する相談

第 4 章　相続・贈与に関する相談

第5章　税金と節税対策に関する相談

〈法令基準日〉
本書は、問題文に特に指示のない限り、2024年7月1日（基準日）現在
施行の法令等に基づいて編集しています。

◇ **CBT とは**◇

　CBT（Computer-Based Testing）とは、コンピュータを使用して実施
する試験の総称で、パソコンに表示された試験問題にマウスやキーボード
を使って解答します。金融業務能力検定は、一般社団法人金融財政事情研
究会が、株式会社シー・ビー・ティ・ソリューションズの試験システムを
利用して実施する試験です。CBT は、受験日時・テストセンター（受験
会場）を受験者自らが指定できるとともに、試験終了後、その場で試験結
果（合否）を知ることができるなどの特長があります。

本書に訂正等がある場合には、下記ウェブサイトに掲載いたします。
https://www.kinzai.jp/seigo/

「金融業務3級 シニアライフ・相続コース」試験概要

　リタイアメントプラン、医療・介護、住居、相続、お墓等、シニア（高齢者）層が避けて通れない課題について、基本的な知識を検証します。

■受験日・受験予約	通年実施。受験者ご自身が予約した日時・テストセンター（https://cbt-s.com/testcenter/）で受験していただきます。 受験予約は受験希望日の3日前まで可能ですが、テストセンターにより予約可能な状況は異なります。
■試験の対象者	金融機関・保険会社等の窓口・渉外担当者、シニア層向けビジネス関係者（受験資格は特にありません）
■試験の範囲	1．高齢期・退職後の人生設計に関する相談 2．社会保険等に関する相談 3．住まいや財産管理に関する相談 4．相続・贈与に関する相談 5．税金と節税対策に関する相談
■試験時間	100分　試験開始前に操作方法等の案内があります。
■出題形式	四答択一式50問
■合格基準	100点満点で60点以上
■受験手数料（税込）	5,500円
■法令基準日	問題文に特に指示のない限り、2024年7月1日現在施行の法令等に基づくものとします。
■合格発表	試験終了後、その場で合否に係るスコアレポートが手交されます。合格者は、試験日の翌日以降、「シニアライフ・相続アドバイザー」の認定証をマイページからPDF形式で出力できます。
■持込み品	携帯電話、筆記用具、計算機、参考書および六法等を含め、自席（パソコンブース）への私物の持込みは認められていません。テストセンターに設置されている鍵付きのロッカー等に保管していただきます。メモ用紙・筆記用具はテストセンターで貸し出されます。計算問題については、試験画面上に表示される電卓を利用することができます。
■受験教材等	・本書 ・通信教育講座「シニア層からの相談［Q&A］講座」（一般社団法人金融財政事情研究会）

■受験申込の変更・ キャンセル	受験申込の変更・キャンセルは、受験日の3日前まで マイページより行うことができます。受験日の2日前 からは、受験申込の変更・キャンセルはいっさいでき ません。
■受験可能期間	2024年4月1日以降に受験申込をした場合、受験可能 期間は、受験申込日の3日後から当初受験申込日の1 年後までとなります。受験可能期間中に受験(または キャンセル)しないと、欠席となります。

※金融業務能力検定・サステナビリティ検定の最新情報は、一般社団法人金融 財政事情研究会のWebサイト(https://www.kinzai.or.jp/kentei/news-kentei) でご確認下さい。

第1章

高齢期・退職後の人生設計に関する相談

1-1 シニアのライフプランニング上の留意点とは①

《問》顧客Aさん（55歳）から、「最近、会社から出向や定年退職後を視野に入れた研修への参加を勧められ、これからの人生の過ごし方を考えようと思っています。まずは、これからの生活と家計を考えるうえですべきこと等を教えてください」との依頼を受けた。この場合の回答として、次の(a)～(c)のうち適切なものはいくつあるか。

(a) 「ライフプランを考える際には、家計の現状を把握することが大切です。まずは、年間収入から税金や住宅ローン返済額といった非消費支出を差し引いた『可処分所得』を算出し、そこから、A様およびご家族が生活を維持するために必要な消費支出を差し引いた金額を把握します」

(b) 「現在の家計の収支状況や今後のライフプランをもとに、将来の家計の収支状況や貯蓄残高などの推移をまとめたキャッシュフロー表を作成しましょう。キャッシュフロー表を作成するうえで用いられる『貯蓄残高』は、『前年末の貯蓄残高×（1＋運用利率）±その年の年間収支』の算式により計算します」

(c) 「家計のバランスシートに記載する有価証券の価額については、バランスシート作成時の時価を記載します」

1）1つ　　2）2つ　　3）3つ　　4）0（なし）

・解説と解答・

(a) 不適切である。可処分所得は、年間収入から税金（所得税・住民税）、社会保険料など支払義務がある非消費支出を差し引いた残りの金額であり、住宅ローン返済額は含まれない。なお、自分の価値観に基づく生き方や目的をライフデザインといい、これに応じたライフプランを立てることをライフプランニングという。

(b) 適切である。

(c) 適切である。

正解　2）

1－2　シニアのライフプランニング上の留意点とは②

《問》顧客Aさんから、「ライフプランニングにおいて、理解しておくべきことを教えてください」との依頼を受けた。この場合の回答として、次のうち最も不適切なものはどれか。

1)「消費支出とは、個人やその家族が生活維持のために行う支出をいい、食料費、住居費、光熱費、被服費、教育費、教養娯楽費、交通・通信費、保健医療費等の費目に分けられます」
2)「ライフプランにおけるキャッシュフロー表とは、将来の一定期間ごとの収支状況を把握するために、今後のライフイベントに基づいて作成するものなので、支出額は物価上昇率などの変動率を加味して算出します」
3)「可処分所得のうち、消費支出に充てられる金額が占める比率を「消費性向」、貯蓄に向けられる金額が占める比率を「貯蓄性向」といい、一対の概念である消費性向と貯蓄性向の和は1となります」
4)「家計の消費支出総額中に占める食料費の割合をエンゲル係数といいます。一般に、この係数が高いほど生活水準が高いとされます」

・解説と解答・

1) 適切である。
2) 適切である。
3) 適切である。
4) 不適切である。エンゲル係数は、一般に、生活水準が低いと高くなり、生活水準が高いと低いとされ、収入が少なくなる60歳以降から高まる傾向にある。

正解　4)

1－3　シニアのライフプランニング上の留意点とは③

《問》顧客Ａさんから、「ライフプランニングにおいて、理解しておかなければならないポイントを教えてください」との依頼を受けた。この場合の回答として、次のうち最も不適切なものはどれか。

1）「総務省統計局の『家計調査年報（家計収支編）2022年（令和4年)』によれば、65歳以上の単身無職世帯においては、毎月20,580円を貯蓄などから取り崩していることがわかります」

2）「元本を一定利率で複利運用しながら、毎年一定金額を一定期間取り崩していくとき、現在いくらの元本で複利運用を開始すればよいかを求める際に使用する係数を年金現価係数といいます」

3）「簡易生命表を目安に定年退職後の収支をシミュレーションする場合、Ａ様の配偶者の分は考慮せず、定年後のＡ様自身の平均余命期間から試算します」

4）「Ａ様が万一亡くなった場合、残されたご家族に必要な生活資金の金額を必要保障額といいます。必要保障額は、通常、子どもの成長とともに逓減します」

● 解説と解答 ●

1）適切である。65歳以上の単身無職世帯（高齢単身無職世帯）の家計収支（1ヵ月平均）をみると、実収入は134,915円、可処分所得は122,559円、消費支出は143,139円で、可処分所得から20,580円の赤字になっている。

2）適切である。なお、一定期間一定利率で毎年一定金額を複利運用で積立運用した場合、将来いくらの受取額になるかを求める際に使用する係数を年金終価係数という。

3）不適切である。「令和4（2022）年簡易生命表」（厚生労働省）によると、平均寿命は男性81.05年、女性87.09年で、65歳の平均余命は男性19.44年、女性は24.30年である。定年後の収支をシミュレーションする場合には、自分自身だけでなく、配偶者の分についても一緒に、平均余命以上の期間について試算することが必要になる。

4）適切である。必要保障額は、残された家族の年齢やイベント（進学、独立等）によって変化する。

正解　3）

1－4　国民年金の加入期間

《問》顧客Aさんから、「国民年金（老齢基礎年金）の合算対象期間（カラ期間）とはどういうものか教えてください」との依頼を受けた。この場合の回答として、次のうち最も不適切なものはどれか。

1）「20歳未満または60歳以上の、会社員や公務員として働いていた期間は、合算対象期間（カラ期間）とされます」

2）「保険料納付済期間、保険料免除期間、合算対象期間（カラ期間）の合計が10年以上あれば、国民年金（老齢基礎年金）を受け取ることができます」

3）「昭和61（1986）年3月までの20歳以上60歳未満の会社員や公務員の配偶者が、国民年金に任意加入していなかった期間は、合算対象期間（カラ期間）とされます」

4）「平成10（1998）年3月までの20歳以上の学生が、国民年金に任意加入していなかった期間は、合算対象期間（カラ期間）とされます」

・解説と解答・

1）適切である。

2）適切である。受給資格期間は、平成29（2017）年8月より、合計25年以上から合計10年以上に短縮された。

3）適切である。昭和61（1986）年4月以降は、会社員等の被扶養配偶者は国民年金の第3号被保険者となった。

4）不適切である。学生が国民年金に強制加入となったのは、平成3（1991）年4月からであり、平成3（1991）年3月までの20歳以上の学生で任意加入していなかった期間は、合算対象期間（カラ期間）となる。

正解　4）

1－5　付加年金・国民年金基金による上乗せ

《問》顧客Ａさんから、「将来の年金額を増やすために利用されている付
　　加年金や国民年金基金について教えてください」との依頼を受け
　　た。この場合の回答として、次のうち最も適切なものはどれか。
1）「国民年金の第３号被保険者である専業主婦も、付加保険料を納付
　　することで年金額を増やせます」
2）「付加年金の保険料は月額400円で、年金額は200円に付加保険料納
　　付月数を乗じた金額となります」
3）「国民年金基金の加入は口数制となっていて、１口目は終身年金ま
　　たは確定年金を選択することができます」
4）「60歳以上の自営業者は、国民年金に任意加入していたとしても、
　　国民年金基金に加入することはできません」

・解説と解答・

1）不適切である。厚生年金保険に加入している者（第２号被保険者）、その
　　者に扶養されている配偶者（第３号被保険者）、国民年金基金に加入して
　　いる者などは、付加保険料を納付することができない。
2）適切である。
3）不適切である。１口目は必ず終身年金に加入しなければならない。２口目
　　以降は終身年金または確定年金を選択することができる。
4）不適切である。国民年金基金には、国民年金の保険料を納めている国民年
　　金の第１号被保険者および任意加入被保険者（65歳以上の者を除く）が加
　　入できる。

<u>正解　2）</u>

1－6　国民年金保険料の免除制度

《問》顧客Aさんから、「不景気で廃業することにしましたが、夫婦2人分の国民年金の保険料負担が大変です。国民年金保険料には免除制度があると聞きました。どういうものか教えてください」との依頼を受けた。この場合の回答として、次のうち最も適切なものはどれか。

1）「世帯の所得による制限はありますが、申請によって保険料が免除される制度があります」
2）「申請によって保険料が免除される制度があり、自営業者や会社員の区別なく、利用することができます」
3）「申請によって保険料が全額免除、4分の3免除、半額免除の3段階で免除される制度があります」
4）「申請によって保険料の免除を受けた期間は、追納しない限り老齢基礎年金の額に反映されません」

・解説と解答・

1）適切である。本人・世帯主・配偶者の前年所得（1月～6月までに申請するときは前々年所得）が一定額以下の場合や失業した場合など、国民年金保険料の納付が経済的に困難な場合は、本人からの申請が承認されることで、保険料の納付が免除される。
2）不適切である。国民年金の保険料の申請免除は、自営業者などの第1号被保険者を対象に設けられている制度であり、会社員や公務員は免除制度の対象にはならない（会社員や公務員は国民年金の保険料を個別に負担していない）。
3）不適切である。申請免除は家族も含めた世帯の所得に応じて、4分の1免除を含めて4段階の制度がある。
4）不適切である。保険料の免除を受けた期間は、その一定割合が老齢基礎年金の金額に反映される。

正解　1）

1－7　国民年金の任意加入制度

《問》顧客Aさん（57歳、国民年金の第1号被保険者）から、「国民年金
に未加入期間があります。国民年金の任意加入制度について教えて
ください」との依頼を受けた。この場合の回答として、次のうち最
も不適切なものはどれか。なお、Aさんに保険料免除期間はないも
のとする。

1）「60歳以降に任意加入した場合、保険料納付済期間が40年に達した
時点で、任意加入被保険者の資格を喪失します」

2）「65歳以降は、65歳時点で保険料納付済期間が40年に満たなくても、
年金の受給資格期間を満たしていない場合を除き任意加入すること
はできません」

3）「60歳以上の任意加入被保険者の保険料納付方法は、原則として口
座振替によることとされていて、納付書で納めることはできません」

4）「任意加入被保険者は、付加保険料を納付することはできません」

・解説と解答・

1）適切である。老齢基礎年金が満額に達するまで任意加入被保険者になるこ
とができる。

2）適切である。65歳以降は、年金の受給資格期間を満たしていない場合は任
意加入できるが、年金額を増やす目的で任意加入することはできない。

3）適切である。

4）不適切である。任意加入被保険者（65歳以上の者を除く）も付加保険料を
納付することができる。

<u>正解　4）</u>

1－8　国民年金保険料の割引制度

《問》顧客Aさんから、「国民年金保険料の支払額を抑える方法はありますか」との質問を受けた。この場合の回答として、次のうち最も不適切なものはどれか。

1)「国民年金の保険料支払を口座振替の早割にすると、毎月の現金納付に比べ、割引されます」
2)「2年分の保険料を口座振替でまとめて納めることで、大きな割引額が適用されます。なお、口座振替で「2年前納」を利用する場合には、手続を毎年3月末日までに行う必要があります」
3)「保険料の前納は、クレジットカードで行うこともできますが、割引額は口座振替のほうが多くなります」
4)「国民年金保険料はまとめて納付（前納）することで割引が適用されます。前納制度には、6カ月前納、1年前納、2年前納があります」

・解説と解答・

1) 適切である。早割とは月々の保険料（本来は翌月末が納期）を当月末引落しの口座振替で納付することであり、年間720円（令和6（2024）年度）の割引を受けることができる。
2) 不適切である。2年分の保険料の口座振替前納は、毎年2月末日が手続期限になっている。
3) 適切である。クレジットカードで前納する場合、その割引額は現金納付による割引額と同額になる。
4) 適切である。

正解　2)

1－9　在職老齢年金①

《問》顧客Ａさん（厚生年金保険の被保険者）から、「年金の支給開始年
齢になったのですが、まだ会社勤めをしています。働きながら受け
取る年金について教えてください」との依頼を受けた。この場合の
回答として、次のうち最も不適切なものはどれか。

1）「厚生年金保険の被保険者になっている方には在職老齢年金という
制度が適用され、給与・賞与の額と年金額の合計に応じて、老齢厚
生年金（報酬比例部分）の一部が減額される場合や、全額支給停止
になる場合があります」

2）「１カ月当たりの賞与込みの給与額と年金額の合計がおおむね50万
円以下であれば、年金額が減額されることはありません」

3）「70歳以降もそのまま勤務する場合、厚生年金保険の被保険者では
ないので、在職老齢年金の支給停止の仕組みの適用は受けません」

4）「老齢基礎年金は、在職老齢年金の支給停止の仕組みの対象外です」

・解説と解答・

1）適切である。

2）適切である。「総報酬月額相当額＋基本月額＞支給停止基準額」の場合
に、その超えた金額の２分の１が支給停止される。なお、年金制度改正法
（2020（令和２）年法律第40号）により、2022（令和４）年４月から、60
歳以上65歳未満の者の在職老齢年金の支給停止基準額が28万円から47万円
に緩和されており、2024年度は50万円となっている。

3）不適切である。70歳以降もフルタイムで厚生年金適用事業所に勤務してい
る場合、厚生年金保険の被保険者ではないが、65歳以上の人と同様の在職
老齢年金の支給停止の仕組みの適用を受ける。

4）適切である。

<u>正解　3）</u>

1 − 10　在職老齢年金②

《問》顧客Ａさん（会社員、厚生年金保険の被保険者）から、「間もなく年金を受給できる年齢になりますが、もうしばらく勤務を続けようと思います。働いていると年金が減額されることがあると聞きましたが、どのくらい減らされるのか教えてください」との依頼を受けた。この場合の回答として、次のうち最も不適切なものはどれか。

1）「総報酬月額相当額と基本年金額（月額）の合計が50万円以下であれば、年金が減額されることはありません」

2）「総報酬月額相当額とは、標準報酬月額に過去１年間の標準賞与額の12分の１を足したものです。過去１年間に賞与の支給がなく、賃金の変動もなければ、おおむね月給の額と考えてよいでしょう」

3）「給与の額等によっては老齢厚生年金の報酬比例部分相当額の全額が支給停止になることもあります」

4）「減額の対象には、報酬比例部分の老齢厚生年金だけでなく、加給年金額や経過的加算額も含まれますが、老齢基礎年金は減額の対象外です」

・解説と解答・

1）適切である。

2）適切である。

3）適切である。

4）不適切である。加給年金額、経過的加算額および繰り下げた場合の加算額は減額の対象に含まれない。ただし、報酬比例部分の老齢厚生年金が全額支給停止の場合は、加給年金額は支給されない。

正解　4）

1－11　加給年金額

《問》顧客Ａさんから、「老齢厚生年金に加給年金額が加算されたのですが、加給年金額とはどのような場合に受け取れるものなのですか」との質問を受けた。この場合の回答として、次のうち最も不適切なものはどれか。

1）「加給年金額は、厚生年金保険の被保険者期間が20年に満たない場合は支給されません」

2）「加給年金額の支給は、Ａ様に生計を維持されている配偶者またはお子様がいることが要件の１つとなっており、配偶者については60歳未満である必要があります」

3）「加給年金額の対象になる子（障害の状態にない）の年齢要件は、18歳に達する日以後の最初の３月31日までです」

4）「加給年金の対象になっている配偶者が厚生年金保険に20年以上加入されていて、老齢厚生年金を受け取れるようになった場合には、加給年金額は支給停止となります」

・解説と解答・

1）適切である。加給年金額は、厚生年金保険の被保険者期間が20年以上ある者が、その者に生計を維持されている一定の要件を満たす配偶者または子がいるときに加算される。

2）不適切である。加給年金額の対象となる配偶者の年齢は、65歳未満であることが要件となっており、配偶者が65歳に達すると加給年金額は支給されない。

3）適切である。なお、１、２級の障害のある子の場合は、20歳未満まで対象となる。

4）適切である。また、配偶者が障害年金を受給している場合も支給停止となる。

正解　2）

1－12　振替加算

《問》顧客Ａさん（66歳、加給年金額受給者）から、「妻Ｂが65歳になると振替加算を受けられると友人から聞いたのですが、振替加算について教えてください」との依頼を受けた。この場合の回答として、次のうち最も不適切なものはどれか。

1）「Ｂ様が65歳になるとＡ様に支給されている加給年金額はなくなりますが、Ｂ様の年金加入期間などが一定の要件を満たす場合には、Ｂ様に老齢基礎年金が支給され、振替加算が上乗せされます」

2）「振替加算額は、Ｂ様の生年月日によって異なります」

3）「振替加算が受けられる場合、振替加算が支給される時期は、Ｂ様の65歳の誕生月（65歳になった日が属する月）からとなります」

4）「Ｂ様が老齢基礎年金を繰り下げて受給する場合、振替加算も繰り下げた受給開始時点から加算されますが、老齢基礎年金を繰り下げても振替加算額は増額されません」

・解説と解答・

1）適切である。

2）適切である。大正15（1926）年4月2日～昭和2（1927）年4月1日生まれの234,100円から昭和36（1961）年4月2日～昭和41（1966）年4月1日生まれの15,732円まで、振替加算が支給される者の生年月日によって異なる（金額はいずれも令和6（2024）年度価額）。

3）不適切である。原則として65歳になった日が属する月の翌月からとなる。

4）適切である。

正解　3）

1−13 加給年金額と振替加算

《問》顧客Aさん（59歳）から、「22歳で大学を卒業以来、現在の会社で働いており、来年、定年退職を迎えます。老後の生活の柱となる老齢厚生年金について教えてください」との依頼を受けた。この場合の回答として、次のうち最も不適切なものはどれか。なお、Aさんには妻Bさん（54歳、専業主婦、厚生年金保険の加入歴はない）がおり、AさんおよびBさんは、公的年金の障害等級に該当する障害の状態にないものとする。

1)「A様は、65歳から老齢厚生年金と老齢基礎年金を受給することができます」
2)「A様が65歳になると、老齢厚生年金に加給年金額も加算されます」
3)「B様が65歳になると、A様の加給年金額は打ち切られ、代わってB様の老齢基礎年金に振替加算が上乗せされます」
4)「A様の加給年金額には、配偶者の特別加算があります」

・解説と解答・

1) 適切である。
2) 適切である。加給年金額は、厚生年金保険の被保険者期間が20年以上ある者が、65歳到達時点で、その者に生計を維持されている一定の要件を満たす配偶者または子がいるときに加算される。
3) 不適切である。昭和41（1966）年4月2日以降生まれの者には、振替加算の支給はない。
4) 適切である。加給年金額の対象が配偶者の場合は、加給年金額234,100円と特別加算額173,300円（合計408,100円）（令和6（2024）年度価額）が支給される。

<u>正解　3)</u>

1−14　国民年金の繰上げ・繰下げ①

《問》顧客Ａさん（59歳）から、「老齢基礎年金の繰上げ、繰下げという
　　話をよく聞きますが、どういう制度なのか教えてください」との依
　　頼を受けた。この場合の回答として、次のうち最も適切なものはど
　　れか。
　1）「繰上げ支給とは、本来65歳から支給される老齢基礎年金を60歳以
　　　降から受け取り始めることでして、年金の支給開始時期を１カ月早
　　　めるごとに、年金額が本来の支給額から0.7％ずつ減額されます。
　　　一度年金の繰上げをしますと、途中で取り消すことはできません。
　　　また、繰上げ開始後に重い障害を負った場合、障害基礎年金を受給
　　　することができなくなる等のデメリットがあります」
　2）「繰下げ支給とは、本来65歳から支給される老齢基礎年金を66歳以
　　　降に遅らせて受け取り始めることでして、年金の支給開始時期を１
　　　カ月遅らせるごとに、年金額が本来の支給額から0.4％ずつ増額さ
　　　れます。最長で75歳までの繰下げが可能です」
　3）「老齢基礎年金の繰下げをすると、付加年金が受給できる場合、付
　　　加年金も増額されますが、振替加算額が受給できる場合、振替加算
　　　額は増額されませんので、ご注意ください」
　4）「Ａ様が老齢基礎年金を繰上げ受給した後に、配偶者が亡くなり、
　　　遺族厚生年金の受給権を得た場合は、65歳未満であっても繰上げし
　　　た年金と遺族厚生年金を同時に受け取ることができます」

・解説と解答・

1）不適切である。老齢基礎年金の受給開始（65歳）を繰り上げた場合は、１
　　カ月当たり0.4％（ただし、昭和37（1962）年４月１日以前生まれは0.5％）
　　の減額率が適用され、逆に、繰り下げた場合は、１カ月当たり0.7％の増
　　額率が適用される。
2）不適切である。上記１）の解説を参照。
3）適切である。
4）不適切である。65歳になるまでは、繰上げした老齢基礎年金か遺族厚生年
　　金かどちらかを選択しなければならない。

<u>正解　3）</u>

1－15　国民年金の繰上げ・繰下げ②

《問》顧客Ａさん（昭和38年（1963）年10月生まれ、女性、22歳から現在まで会社員）から、「老齢年金の繰上げ、繰下げについて教えてください」との依頼を受けた。この場合の回答として、次のうち最も不適切なものはどれか。なお、Ａさんは、老齢基礎年金、老齢厚生年金とも法定の支給開始年齢に受給権を得ることができるものとする。
1)「Ａ様が老齢厚生年金の支給を繰り上げて60歳ちょうどから受給する場合、減額率は24％になります」
2)「老齢厚生年金の支給を繰り上げて60歳から受給する場合、老齢基礎年金も同様に繰り上げて60歳から受給することになります」
3)「Ａ様の場合、特別支給の老齢厚生年金を受給できますが、特別支給の老齢厚生年金の支給を繰り下げることはできません」
4)「65歳以降の老齢厚生年金の支給を繰り下げる場合であっても、老齢基礎年金は同様に繰り下げる必要はなく65歳から受給することが可能です」

・解説と解答・

1) 不適切である。Ａさんの特別支給の老齢厚生年金の法定支給開始年齢は63歳である（昭和37（1962）年4月2日〜昭和39（1964）年4月1日生まれの女性）。したがって、60歳ちょうどに繰り上げた場合、繰上げ月数は36月（＝3年）であり、減額率は14.4％（＝0.4％×36）になる。
2) 適切である。老齢厚生年金を繰り上げる場合、同時に老齢基礎年金も繰り上げなければならない。
3) 適切である。特別支給の老齢厚生年金は65歳になるまでの有期年金であり、繰り下げることはできない。
4) 適切である。繰下げは老齢厚生年金、老齢基礎年金のいずれかのみでも可能である。

<u>正解　1)</u>

1−16　遺族年金①

《問》顧客Ａさん（62歳、昭和38（1963）年1月生まれ）から、「現在、
亡くなった主人の遺族厚生年金を受け取っていますが、63歳になる
と自分の老齢厚生年金が支給されるようになります。今後、もらえ
る年金はどうなるのですか」との質問を受けた。この場合の回答と
して、次のうち最も不適切なものはどれか。

1）「65歳になるまでは、遺族厚生年金とＡ様の老齢厚生年金のいずれ
か一方を選択することになります」
2）「65歳から支給される老齢基礎年金は、遺族厚生年金と併せて受け
取ることができます」
3）「65歳以上の遺族厚生年金の額は、『現在受け取っている遺族厚生年
金』と『現在受け取っている遺族厚生年金の2分の1＋老齢厚生年
金の3分の2』を比較していずれか高い金額になります」
4）「65歳以上で老齢厚生年金と遺族厚生年金を受け取る権利がある方
が、遺族厚生年金より老齢厚生年金の年金額が高い場合、遺族厚生
年金は全額支給停止になります」

・解説と解答・

1）適切である。支給事由（老齢、障害、遺族）が異なる2つ以上の年金を受
けられるようになったときは、原則いずれか1つの年金を選択することに
なる。例えば、今まで遺族厚生年金を受けていた者が、63歳になって特別
支給の老齢厚生年金を受けられるようになったときは、遺族給付と老齢給
付を併せて受けることはできないので、いずれかを選択することになる。

2）適切である。65歳以降は、特例的に支給事由が異なる2つ以上の年金を受
けられる組合せがある。

3）不適切である。65歳以上の遺族厚生年金の額は、「現在受け取っている遺
族厚生年金」と「現在受け取っている遺族厚生年金の3分の2＋老齢厚生
年金の2分の1」を比較していずれか高い金額になる。

4）適切である。

<u>正解　3）</u>

1－17　遺族年金②

《問》顧客Ａさん（会社員）から、「遺族に支払われる年金について教えてください」との依頼を受けた。この場合の回答として、次のうち最も不適切なものはどれか。

1）「一定の要件を満たす国民年金の被保険者が死亡した場合には、亡くなった方に生計を維持されていた『子（原則として18歳到達年度の末日を経過していない子）のある妻』または『子（同上)』に対してのみ、遺族基礎年金が支給されます」

2）「一定の要件を満たす厚生年金保険の被保険者が死亡した場合には、亡くなった方に生計を維持されていた一定の要件を満たした遺族（①配偶者または子、②父母、③孫、④祖父母、の中で先順位の方）に、遺族厚生年金が支給されます」

3）「一定の要件を満たす厚生年金保険の被保険者である夫が死亡した場合において、夫が死亡した当時の年齢が40歳以上65歳未満である子のない妻に対しては、65歳になるまでの間、中高齢寡婦加算が加算されます」

4）「厚生年金保険の被保険者（夫）が死亡した当時、妻が30歳未満で子がいなければ、遺族厚生年金は5年間の有期給付となります」

・解説と解答・

1）不適切である。国民年金の被保険者が死亡した場合には、亡くなった者に生計を維持されていた「子（原則として18歳到達年度の末日を経過していない子）のある配偶者」（平成26（2014）年度より「子のある夫」も支給対象となっている）または「子（同上)」に対してのみ、遺族基礎年金が支給される。

2）適切である。

3）適切である。中高齢寡婦加算額は、生年月日に関係なく、612,000円（令和6（2024）年度価額）となる。

4）適切である。

正解　1）

1 －18　障害年金

《問》顧客Ａさんから、「夫（59歳、22歳から継続して厚生年金保険の被
　　保険者）がケガを負い、重い障害が残りそうです。障害年金につい
　　て教えてください」との依頼を受けた。この場合の回答として、次
　　のうち最も適切なものはどれか。
　1）「障害認定日において一定の障害の状態にあれば障害年金が受給で
　　　きますが、この障害認定日とは、初診日から 1 年 6 カ月を過ぎた
　　　日、またはそれまでに治った場合はその治った日をいいます」
　2）「障害等級 1 級または 2 級に該当した場合、障害基礎年金と障害厚
　　　生年金が支給されます。 3 級の場合は、障害基礎年金だけが支給さ
　　　れます」
　3）「障害基礎年金には、その受給権者によって生計を維持されている
　　　65歳未満の配偶者がいる場合、加給年金額が加算されます」
　4）「障害等級 1 級に該当する場合に支給される障害基礎年金の額は、
　　　障害等級 2 級に該当する場合に支給される障害基礎年金の額の1.5
　　　倍です」

・解説と解答・

　1）適切である。
　2）不適切である。障害基礎年金は、 1 級、 2 級に該当すると支給され、 3 級
　　　の場合は支給されない。障害厚生年金は 3 級の場合も支給される。した
　　　がって、 3 級の場合は障害厚生年金だけが支給される。
　3）不適切である。障害基礎年金には配偶者の加給年金額の加算はない（子の
　　　加算はある）。配偶者加給年金額の加算対象である場合は、障害厚生年金
　　　に加算される。
　4）不適切である。 1 級の障害基礎年金の額は、 2 級の1.25倍である。

正解　1）

1－19　国民年金（第3号被保険者）

《問》顧客Aさんから、「昭和60（1985）年に21歳で夫Bと結婚し、現在までずっと専業主婦です。会社員の経験もなく、国民年金の保険料も払ったことがありません。専業主婦と国民年金の関係について教えてください」との依頼を受けた。この場合の回答として、次のうち最も不適切なものはどれか。なお、夫Bさんは、厚生年金保険の被保険者であるものとする。

1）「昭和61（1986）年3月までの会社員や公務員の妻であった期間は、合算対象期間として、老齢基礎年金の受給に必要な受給資格期間と年金額の計算に反映されます」

2）「昭和61（1986）年4月以降、会社員や公務員に扶養される妻は、国民年金の第3号被保険者となりましたが、保険料の負担はありません」

3）「B様が会社を退職した時点で、A様が60歳未満であれば、国民年金の第3号被保険者から第1号被保険者への種別変更が必要になり、国民年金の保険料を納めなければなりません」

4）「A様は60歳以降、国民年金に任意加入をすることで、将来の年金額を増やすことができます」

・解説と解答・

1）不適切である。合算対象期間は受給資格期間に反映されるが、年金額には反映されない。

2）適切である。国民年金の第3号被保険者に対する基礎年金給付の原資は、厚生年金保険から国民年金に拠出金として納められており、個別に負担する必要はない。

3）適切である。なお、所得が少ないなど、保険料を納めることが経済的に困難な場合は、本人の申請が承認されることで、保険料の納付が免除されることがある。

4）適切である。60歳以上65歳未満の者で、老齢基礎年金を満額受給できない者は任意加入できる。

正解　1）

1－20　個人型確定拠出年金

《問》顧客Aさん（51歳、地方公務員）から、「個人型確定拠出年金について教えてください」との依頼を受けた。この場合の回答として、次のうち最も不適切なものはどれか。

1）「A様が万一高度障害になられた場合には障害給付金が、万一亡くなられた場合には死亡一時金が支給されます」

2）「個人型確定拠出年金の加入者が拠出した掛金は、全額が所得控除の対象になります。さらに、運用期間中の運用益は非課税で、老齢給付金を年金方式で受け取るときにも公的年金等控除の適用があるなど、税制優遇措置があります」

3）「A様が51歳で個人型確定拠出年金に加入した場合、60歳までの加入期間が10年未満となるため、A様の老齢給付金の受給は61歳から可能となります」

4）「公務員のA様が個人型確定拠出年金に加入した場合の掛金の拠出額の上限は、月額23,000円です」

・解説と解答・

1）適切である。

2）適切である。

3）適切である。60歳時点で加入期間が通算して10年以上ある場合には、60歳から老齢給付金を受給することができる。10年未満の場合は、期間に応じて61歳〜65歳から受給が可能となる。

4）不適切である。個人型確定拠出年金における公務員の掛金の拠出額の上限は、月額12,000円となる。主婦など国民年金第3号被保険者の拠出限度額は、月額23,000円である。

<u>正解　4）</u>

1－21　企業型確定拠出年金

《問》顧客Ａさんから、「企業型確定拠出年金について教えてください」
との依頼を受けた。この場合の回答として、次のうち最も不適切な
ものはどれか。
1）「通算加入者等期間が10年以上あれば、60歳から老齢給付金を受給
することができます」
2）「老齢給付金の年金給付の支給期間は、5年以上30年以下で任意の
期間を選択します」
3）「老齢給付金は、年金としての受給に代えて、一時金で受け取るこ
とができます」
4）「老齢給付金を年金で受給する場合、雑所得として公的年金等控除
の対象になります」

・解説と解答・

1）適切である。60歳時点で通算加入者等期間が10年未満の場合は、その期間
に応じて61歳～65歳から受給が可能となる。
2）不適切である。年金給付の支給期間は、5年以上20年以下で選択する（終
身年金で運用している場合は、終身で受給できる）。
3）適切である。なお、一時金で受け取るためには、企業型確定拠出年金の規
約に定めがあることが必要である。
4）適切である。なお、老齢給付金を一時金で受給する場合、退職所得控除の
対象となる。

正解　2）

1－22　夫の定年と専業主婦の国民年金保険料

《問》顧客Ａさん（55歳）から、「今年、夫が62歳で会社を退職するのですが、その後は専業主婦の私も国民年金の保険料を納めなくてはならないのですか」との質問を受けた。この場合の回答として、次のうち最も不適切なものはどれか。

1）「はい。日本国内に住む20歳以上60歳未満のすべての方は、国民年金への加入が義務付けられているので、ご主人が退職された後、Ａ様は保険料を納める義務があります」

2）「はい。60歳になるまで国民年金の保険料を納めないと、保険料納付済期間が10年以上ある場合でも、原則65歳からの老齢基礎年金はお受取りいただけません」

3）「はい。また、Ａ様は、お住まいの地域の市町村（特別区を含む）役場で、第3号被保険者から第1号被保険者への種別変更の手続をしていただく必要があります」

4）「はい。60歳までの間に未納期間がある場合には、万一重い障害を負っても障害年金をお受取りいただけないことがあります」

・解説と解答・

1）適切である。

2）不適切である。国民年金（老齢基礎年金）は、「保険料納付済期間」「保険料免除期間」「合算対象期間」を合わせた期間が10年以上あれば受給資格期間を満たすため、（55歳～60歳になるまで未納であったとしても）65歳から受給することができる。

3）適切である。第1号被保険者として、自ら国民年金の保険料を納付することになる。

4）適切である。障害基礎年金の受給には、初診日の前日において次の①②いずれかの保険料納付要件を満たす必要があるため、保険料納付義務のある60歳までの間に未納期間があると、受給できない可能性がある。

①初診日のある月の前々月までの公的年金の加入期間の3分の2以上の期間について、保険料が納付または免除されていること

②初診日において65歳未満であり、初診日のある月の前々月までの1年間に保険料の未納がないこと　　　　　　　　　　　　　正解　2）

1－23　ねんきん定期便

《問》顧客Aさん（50歳、パート勤務の主婦、共済組合の加入歴あり）か
ら、「先日、ハガキのねんきん定期便が届きました。ねんきん定期
便について教えてください」との依頼を受けた。この場合の回答と
して、次のうち最も適切なものはどれか。

1）「ねんきん定期便には、国民年金と厚生年金保険の被保険者期間は
表示されていますが、共済組合や私学共済の被保険者期間は表示さ
れていません」

2）「35歳、45歳、55歳の節目となる年齢の方や、年金の請求を間近に
控えた方には封書のねんきん定期便が届きます。封書のねんきん定
期便には、年金加入記録に漏れや誤りがあった場合に提出するため
の『年金加入記録回答票』が同封されています」

3）「50歳以上の方に対してハガキで届くねんきん定期便の『老齢年金
の種類と見込額』に表示されている額は、現在加入している年金制
度に、60歳まで同じ条件で加入し続けたものと仮定して計算した老
齢年金の受取見込額です」

4）「50歳以上の方に対してハガキで届くねんきん定期便の『老齢年金
の種類と見込額』には、作成時点で受給資格期間を満たしていない
場合であっても、60歳になるまでに満たす見込みであるときは、受
取見込額が表示されています」

・解説と解答・

1）不適切である。平成27（2015）年12月以降に送付されるねんきん定期便に
ついては、各共済組合等から情報提供された共済加入記録や年金見込額な
どを使用して、各共済組合等の記録が表示されている。

2）不適切である。35歳、45歳、59歳に達した者には、これまでの加入記録が
記載されたものが封書で送られる。

3）適切である。

4）不適切である。作成時点で受給資格期間を満たしていないときは、（60歳
になるまでに満たす見込みであっても）見込額は表示されていない。

正解　3）

1−24　年金請求の手続

> 《問》顧客Aさん（63歳、昭和36（1961）年1月生まれの男性、厚生年金
> 　　　保険加入中）から、「私は64歳から年金を受け取れると聞いたので
> 　　　すが、年金請求の手続について教えてください」との依頼を受け
> 　　　た。この場合の回答として、次のうち最も適切なものはどれか。
> 1）「A様は64歳から特別支給の老齢厚生年金を受給できます。手続は、
> 　　64歳の3カ月前からできますので早めに手続してください」
> 2）「A様はお勤めしていらっしゃるので、年金請求の手続をするとき
> 　　には、原則として雇用保険被保険者証（またはコピー）も必要です」
> 3）「年金請求書を提出する際は、年金請求書に年金を受け取る金融機
> 　　関の証明印を受けたうえで、預金通帳を提示することが必要です」
> 4）「年金請求の窓口は、市町村（特別区を含む）窓口または最寄りの
> 　　年金事務所・街角の年金相談センターとなります」

・解説と解答・

1）不適切である。事前送付用の請求書は誕生日の約3カ月前に届くが、請求
　　手続ができるのは誕生日の前日以降となる。
2）適切である。直近7年の間に雇用保険に加入したことがある場合も必要で
　　ある。
3）不適切である。金融機関の証明印を受けた場合は、預金通帳の提示は不要
　　である。
4）不適切である。Aは厚生年金保険に加入しているので、年金請求の窓口
　　は、最寄りの年金事務所または街角の年金相談センターとなる。

<u>正解　2）</u>

1-25　海外勤務と年金

《問》顧客Aさんから、「来月から米国に赴任することになりました。海
　　外赴任中の年金制度への加入等について教えてください」との依頼
　　を受けた。この場合の回答として、次のうち最も適切なものはどれ
　　か。
　1）「A様が日本の事業所から米国へ10年を超える見込みで派遣される
　　　場合、米国の年金制度と日本の年金制度の2つの制度に加入するこ
　　　とになります」
　2）「A様が日本の事業所から米国へ10年を超えない見込みで派遣され
　　　る場合、日本の年金制度のみに加入し、米国の年金制度の加入が免
　　　除されます」
　3）「A様が日本の事業所から米国へ派遣され、米国の年金に一定の期
　　　間加入した場合、米国での年金加入期間だけでは米国の年金の受給
　　　資格期間を満たさないときには、日本での年金加入期間を通算する
　　　ことができます」
　4）「A様が米国の企業に現地採用され赴任する場合でも、原則として
　　　米国の年金制度と日本の年金制度の2つの制度に加入することにな
　　　ります」

・解説と解答・

1）不適切である。現在、日本と米国は社会保障協定を締結しており、原則と
　して米国の社会保険制度のみに加入することになる。
2）不適切である。日本の事業所から米国へ5年を超えない見込みで派遣され
　る場合、日本の年金制度のみに加入し、米国の年金制度の加入が免除され
　る。
3）適切である。なお、日本での年金加入期間を通算して米国の年金を受給す
　るためには、米国の年金の加入期間が最低6クレジット（日本の1年6カ
　月の年金加入期間と同等の期間）あることが条件となっている。
4）不適切である。米国の企業に現地採用され赴任する場合、米国の年金制度
　のみに加入することになる。

正解　3）

1－26　年金分割の手続

《問》顧客Ａさんから、「離婚した場合の年金分割について教えてください」との依頼を受けた。この場合の回答として、次のうち最も不適切なものはどれか。

1）「離婚した場合の年金分割制度には、合意分割制度と3号分割制度がありますが、分割の対象となるのは、いずれも老齢厚生年金のみです」
2）「合意分割の請求が行われた場合、その婚姻期間中に3号分割の対象となる期間が含まれる場合には、合意分割と同時に3号分割の請求があったものとみなされます」
3）「年金分割の手続は、請求期限（原則として離婚をした日の翌日から3年以内）を経過すると、請求することができなくなります」
4）「3号分割のみ請求する場合は、当事者双方の合意は必要がなく、第3号被保険者であった方からの手続によって年金分割が認められます」

・解説と解答・

1）適切である。すべての者は国民年金の加入対象であり、自分自身の老齢基礎年金を受給できるので、老齢基礎年金は分割の対象とならない。
2）適切である。なお、3号分割制度は、平成20（2008）年4月1日以後の国民年金の第3号被保険者期間のみが対象となる。
3）不適切である。請求期限は、原則として離婚をした日の翌日から2年以内である。
4）適切である。3号分割では、国民年金の第3号被保険者が年金事務所に請求することで、対象期間の保険料納付記録（標準報酬）が2分の1に分割される。

<u>正解　3）</u>

1－27　1人1年金の原則と例外

《問》顧客Ａさんから、「障害年金や遺族年金を受給している場合、自分が老齢年金を受給できるようになっても、併せて受給できるのでしょうか」との質問を受けた。この場合の回答として、次のうち最も適切なものはどれか。

1)「遺族厚生年金を受給している方が、65歳になる前に特別支給の老齢厚生年金の受給権を取得した場合、両者は併給されます」

2)「遺族厚生年金を受給している方が、65歳になって老齢基礎年金の受給権を取得した場合、両者は併給されず、どちらか一方を選択して受給することになります」

3)「遺族厚生年金を受給している方が、65歳になる前に老齢基礎年金の繰上げ支給を受ける場合、遺族厚生年金は併給されません」

4)「障害基礎年金を受給している方が、65歳になって老齢厚生年金の受給権を取得した場合、両者は併給されず、どちらか一方を選択して受給することになります」

・解説と解答・

1) 不適切である。遺族厚生年金と特別支給の老齢厚生年金は併給されず、どちらか一方を選択して受給することになる。なお、65歳以降の老齢厚生年金と遺族厚生年金は併給される（ただし、所定の方法により遺族厚生年金の一部または全部が支給停止となる）。

2) 不適切である。遺族厚生年金と老齢基礎年金は65歳以降であれば併給される。

3) 適切である。公的年金では、支給事由（老齢、障害、遺族）が異なる2つ以上の年金を65歳未満で受けられるようになった場合、いずれか1つの年金を選択することになっているが、65歳以降は特例的に併給されることがある。

4) 不適切である。障害基礎年金と老齢厚生年金は65歳以降であれば併給される。

正解　3)

1−28　エンディングノート

《問》顧客Aさん（68歳）から、「知人から、自分が亡くなった後の家族のためにエンディングノートを準備しておくとよいと聞きました。どのように使えばよいのか教えてください」との依頼を受けた。この場合の回答として、次のうち最も不適切なものはどれか。

1）「エンディングノートは、お葬式やお墓についてご自身の希望を書いておくことで、亡くなった後の手続を、ご家族がスムーズに行える効果が期待できます」
2）「エンディングノートに、自分名義の金融商品や不動産、生命保険や借金等の情報を明記しておくことで、相続手続の円滑化に役立ちます」
3）「エンディングノートは、死後の手続について、残されたご家族が困らないようにするためのもので、ノートを書いた方の存命中に活用するものではありませんが、亡くなった後にすぐにご家族がノートを見つけられるよう、ご家族に保管場所を伝えておきましょう」
4）「エンディングノートには遺言書のような法的効力はありません。いつでもご自身で、何度でも追加、変更ができます」

・解説と解答・

1）適切である。エンディングノートには、「気にしていること」「伝えたいこと」などを記録しておくとよい。
2）適切である。インターネットの利用内容やパスワード等も明記しておくとよい。
3）不適切である。エンディングノートは、死後のみでなく、体が不自由になったときや、判断能力が不十分になったときも活用できる。エンディングノートには大切なことが記録されているので、信頼できる者に保管場所を伝えることが望ましいといえる。
4）適切である。

正解　3）

1－29　お葬式の準備・手続

《問》顧客Ａさん（会社員）から、「家族が亡くなり、お葬式をする場合に必要となる手続について教えてください」との依頼を受けた。この場合の回答として、次のうち最も不適切なものはどれか。

1）「ご家族がお亡くなりになったことの連絡については、まず、親戚やごく親しい方に故人の死亡を伝えます。宗教に則った葬儀を行う場合には、その宗教者に連絡をとり、会社関係者や知人の方などには、葬儀の具体的な内容が決まってから連絡をとるとよいでしょう」

2）「病院での死亡後にご自宅にご遺体を搬送できない場合、ご遺体を葬儀場に直接運んでもらうか、葬儀社の保管所に預かってもらう必要があります。その場合、葬儀などの運営は搬送をお願いした葬儀社に決まることが多く、搬送後に葬儀社を変更することは非常に困難となります」

3）「ご家族がお亡くなりになった場合は、一般に、死亡届（死亡診断書もしくは死体検案書を添付）等の必要書類を市町村（特別区を含む）役場に提出して、死体火葬（埋葬）許可書を受け取ります。この手続は親族のみが行えます」

4）「ご家族がお亡くなりになった場合に、生前に葬儀社と葬儀の契約をしていても、火葬場が混雑していて、葬儀の日程が延びてしまうことがあります。そのときは、葬儀社の保管所でご遺体を預かってもらう日数も長くなります」

・解説と解答・

1）適切である。

2）適切である。

3）不適切である。死亡届は、原則として7日以内に役所に提出する。これは、多くの場合、葬儀社が代行してくれる。なお、故人が3人以上の世帯の世帯主であった場合は、死亡した日から14日以内に市町村（特別区を含む）で世帯主変更を行わなければならない。

4）適切である。遺体の保管日数が長くなると、追加の支払が多額になることがある。

正解　3）

1－30　お葬式後の必要な手続

《問》顧客Aさんから、「お葬式の後にしなければならない手続について教えてください」との質問を受けた。この場合の回答として、次のうち最も不適切なものはどれか。

1）「故人の身分証の返還や、さまざまな契約の解約など、多くの手続が必要になりますので、リストを作成して優先順位をつけて行うことをお勧めします」
2）「故人に、その年の収入があった場合には、死亡した日から6カ月以内に、所得税の申告と納税（準確定申告）をする必要があります」
3）「故人が加入されていた健康保険から、葬祭費や埋葬料といった給付金を受け取れることがありますが、所定の申請が必要になります」
4）「故人が年金を受給されていた場合には、年金の受給停止、未支給年金の請求、遺族給付金の請求などの手続が必要になります」

・解説と解答・

1）適切である。

2）不適切である。所得税の準確定申告は、相続の開始があったことを知った日（通常は死亡した日）の翌日から4カ月以内に行う。

3）適切である。目安として、2年以内（国民健康保険、後期高齢者医療制度は葬儀を行った日の翌日から2年以内、健康保険、労災保険は死亡の翌日から2年以内）に申請をすることで給付される。

4）適切である。加入していた年金によって、原則として国民年金は市町村（特別区を含む）役場、厚生年金は年金事務所（公務員等は各共済組合）と手続先が異なる。

正解　2）

1－31　お墓の管理等①

《問》顧客Ａさんから、「跡継ぎがいない実家のお墓の管理は、一般に、どのようにすればよいか教えてください」との依頼を受けた。この場合の回答として、次のうち最も不適切なものはどれか。

1）「お墓のあるお寺に永代供養をお願いする方法があります」
2）「通常、ご親戚の方はお墓を継ぐことはできません（祭祀承継者にはなれません）ので、市町村（特別区を含む）役場でご相談されてはいかがでしょうか」
3）「ご遺骨を合葬墓や納骨堂などに移す方法がありますので、ご検討ください」
4）「所定の手続をすれば、実家のお墓をお住まいの近くに移す改葬（お墓のお引越し）をすることもできます。

・解説と解答・

1）適切である。永代供養とは、さまざまな理由で墓参できない遺族に代わり、霊園や寺院が遺骨を管理・供養してくれる埋葬方法である。

2）不適切である。他家に嫁いだ娘、兄弟姉妹、甥・姪であっても、祭祀承継者（家系図などの系譜、仏像などの祭具、お墓などの墳墓の所有権を相続し、祖先の祭祀を主宰する者）になることはできる。ただし、霊園の使用規約のなかには墓地使用権の継承に条件がある場合もあるため、継承者を決定する前に、お墓がある墓地に直接確認したほうがよい。

3）適切である。なお、合葬墓と同じ意味合いの共同墓地には「無縁仏を合葬する墓地」の意味のほかに、「宗教・宗派を問わずにともに埋葬する墓地」「市町村（特別区を含む）が住民のために設けた墓地」などの意味がある。また、共同墓地に埋葬しても、管理が必要な場合がある。

4）適切である。改葬の準備や手続は時間的余裕を持って行うことが必要である。また、旧墓地の墓じまいや新しいお墓を建てるなどの費用もかかる。

<u>正解　2）</u>

1－32　お墓の管理等②

《問》顧客Aさんから、「私は長男で、本来、私が実家のお墓を引き継ぐ
　　べきなのですが、遠方でなかなか行く機会がありません。弟も実家
　　から離れて住んでいるので、実家のお墓についてどうするか悩んで
　　います。お墓について教えてください」との依頼を受けた。この場
　　合の回答として、次のうち最も不適切なものはどれか。
　1）「遠方にある実家のお墓を引き継ぐ方がいない場合は、お寺にお願
　　　いして永代供養してもらう方法があります。その際、墓地は更地に
　　　してお寺や霊園に返すことになります」
　2）「お墓が遠方にある場合、お墓をご自宅の近くの墓地に移すことも
　　　できます。このようなお墓のお引越しを『改葬』といいます。『改
　　　葬』の場合、お墓を更地に戻して墓地の管理者に返還することにな
　　　ります」
　3）「お墓をA様のお住まい近くのお寺に建てる場合、お墓を建てる土
　　　地をお寺から購入する必要があり、この費用を永代使用料といいま
　　　す。購入後は毎年の管理料を支払うことで使用できます」
　4）「お墓は、嫁いだ娘や孫はもちろんですが、実子でない兄弟、叔父・
　　　伯母、甥・姪など親族に引き継いでもらうこともできます。ご親族
　　　と相談されてはいかがでしょうか」

・解説と解答・

1）適切である。

2）適切である。「改葬」の場合、現在のお墓を更地に戻して墓地の管理者に
　　返還する。

3）不適切である。お寺にお墓を建てる際には、土地を使用する権利を買って
　　いるのであり、土地を購入するわけではない。この土地を使用する権利に
　　対する費用を永代使用料という。また、購入後は年間管理料を支払うこと
　　になる。

4）適切である。お墓は、親族に引き継いでもらうこともできる。ただし、墓
　　地によっては承継者に制限を設けていることもあるので、確認が必要であ
　　る。

<u>正解　3）</u>

第 2 章

社会保険等に関する相談

2－1　基本手当の給付要件

《問》顧客Aさんから、「定年退職後に失業給付（基本手当）を受ける場合に注意することはありますか」との質問を受けた。この場合の回答として、次のうち最も適切なものはどれか。

1）「定年により退職された場合は、7日間の待期期間はなく、申請・決定後すぐに基本手当が支給されます」
2）「定年により退職された場合は、離職を余儀なくされた場合に該当しますので、給付日数は自己都合退職の場合より多くなります」
3）「支給される失業給付の日額（基本手当日額）は、退職前の直前6カ月の賃金日額をベースに計算され、その額には上限と下限があります」
4）「最初の失業給付の手続は、退職した勤務先を管轄するハローワークの窓口で行わなければなりません」

・解説と解答・

1）不適切である。定年退職であっても、申請・決定後の7日間の待期期間はある。なお、定年退職の場合、給付制限期間（自己都合退職の場合に支給されない、原則として2カ月の期間）はない。
2）不適切である。会社の倒産や解雇は、離職を余儀なくされた場合に該当するが、定年退職はこれに含まれない。
3）適切である。ただし、臨時に支払われるもの、賞与など3カ月を超える期間ごとに支払われるものは算定の対象から除かれる。
4）不適切である。Aの住所地を管轄するハローワークが窓口となる。

<u>正解　3）</u>

2-2　雇用保険からの給付

《問》顧客Aさんから、「半年後に60歳となり定年退職を迎えます。退職後、現在の会社に嘱託として勤務するか、他の会社に再就職するかで迷ってます。雇用保険からの各種給付について教えてください」との依頼を受けた。この場合の回答として、次のうち最も不適切なものはどれか。

1）「再就職手当は、他の会社に再就職し、再就職した日の前日における失業給付（基本手当）の支給残日数が所定給付日数の4分の1以上であるなどの要件を満たす場合に支給されます」

2）「高年齢雇用継続基本給付金は、60歳以後継続して勤務し、60歳以後の各月に支払われる賃金が60歳到達時の賃金月額に比べて75％未満に低下するなどの要件を満たす場合に支給されます」

3）「高年齢再就職給付金は、60歳以後失業給付（基本手当）を受給し、その後、再就職し、再就職した日の前日における基本手当の支給残日数が100日以上であるなどの要件を満たす場合に支給されます」

4）「失業給付（基本手当）は、退職の日以前2年間に雇用保険の被保険者であった期間が通算して12カ月以上あるなどの要件を満たす場合に支給されます」

・解説と解答・

1）不適切である。失業給付（基本手当）の支給残日数が所定給付日数の3分の1以上残っていることが要件の1つである。

2）適切である。最大で賃金の15％が支給される。

3）適切である。支給額は、高年齢雇用継続基本給付金と同額である。

4）適切である。なお、解雇等の会社都合による離職の場合は、退職の日以前1年間に被保険者であった期間が通算して6カ月以上あれば要件を満たす。

正解　1）

2－3　高年齢雇用継続基本給付金

《問》顧客Ａ（59歳）さんから、「約40年間勤めた会社で間もなく定年を
迎え、引き続き再雇用されることになっていますが、給与が大きく
下がってしまいます。知人から『高年齢雇用継続基本給付金』とい
うものがあると聞いたのですが、どのようなものか教えてくださ
い」との依頼を受けた。この場合の回答として、次の(a)～(c)のうち
適切なものはいくつあるか。
(a) 「高年齢雇用継続基本給付金は、①60歳以上65歳に達する月までの
雇用保険の加入者であること、②雇用保険加入者であった期間が5
年以上あること、③60歳以後の賃金が60歳時点の賃金に比べて75％
未満に低下したこと、などの要件を満たせば支給されます」
(b) 「高年齢雇用継続基本給付金は、勤務先の所在地を管轄する公共職
業安定所（ハローワーク）に申請手続をしないと支給されません。
初回の支給申請期限は、最初に支給対象となった月の初日から起算
して6カ月以内です」
(c) 「高年齢雇用継続基本給付金の支給対象期間は、被保険者が60歳時
点において、雇用保険加入者期間の要件を満たしていれば、60歳に
達した月から65歳に達する月までです。ただし、各暦月の初日から
末日まで被保険者であることが必要です」

1) 1つ　　2) 2つ　　3) 3つ　　4) 0（なし）

・解説と解答・

(a) 適切である。60歳時点賃金の75％未満に下がった場合、最高で下がった後
の賃金の15％相当額が支給される。なお、高年齢雇用継続基本給付金を受
給すると、働きながら受け取る老齢厚生年金（在職老齢年金）の一部が減
額される。
(b) 不適切である。高年齢雇用継続基本給付金の初回の支給申請期限は、最初
に支給対象となった月の初日から起算して4カ月以内である。
(c) 適切である。

正解　2)

2－4　高年齢再就職給付金と再就職手当

《問》顧客Aさん（定年退職後の再就職を希望）から、「高年齢再就職給
　　付金と再就職手当について教えてください」との依頼を受けた。こ
　　の場合の回答として、次のうち最も適切なものはどれか。
1）「高年齢再就職給付金と再就職手当の両方の受給要件を満たしてい
　　る方であれば、両方を同時に受け取れます」
2）「A様が58歳で早期退職し、59歳で再就職された場合、一定の要件
　　を満たせば、高年齢再就職給付金を受け取れます」
3）「再就職手当の支給額は、失業給付（基本手当）の日額に支給残日
　　数を掛け、さらに支給残日数に応じた所定割合を掛けて計算されま
　　す」
4）「高年齢再就職給付金、再就職手当ともに、基本手当の残日数が一
　　定以上残っている場合に、一時金で支給されます」

・解説と解答・

1）不適切である。高年齢再就職給付金と再就職手当は、いずれか一方の選択
　　になる。
2）不適切である。高年齢再就職給付金は60歳に達した日以後に再就職した場
　　合に支給される（再就職したのが60歳に達した日以後であれば、退職が60
　　歳前であっても支給の対象になる）。
3）適切である。再就職手当は、60歳以下の者も受給することができる。再就
　　職手当の額は、「基本手当日額×基本手当の支給残日数の60％または
　　70％」となる（支給残日数が所定給付日数の3分の2以上の場合は70％、
　　同3分の1以上3分の2未満の場合は60％）。
4）不適切である。高年齢再就職給付金は、再就職の前日において基本手当の
　　支給残日数が100日以上200日未満の場合は1年間、200日以上の場合は2
　　年間の分割支給である。

正解　3）

2－5　定年退職後の公的医療保険

《問》顧客Aさん（59歳）から、「間もなく定年を迎えます。定年退職後
　の公的医療保険について説明してもらえますか」との依頼を受け
　た。この場合の回答として、次のうち最も不適切なものはどれか。
1）「今の勤務先の健康保険に任意加入することができます。期間は最
　　長2年間です。保険料は全額自己負担になります。なお、任意加入
　　する場合は退職日の翌日から30日以内に手続をする必要があります」
2）「都道府県および市町村（特別区を含む）が運営する国民健康保険に
　　加入することができます。加入手続は退職日の翌日から14日以内に
　　行ってください」
3）「お勤めをされているご家族の健康保険の被扶養者になることができ
　　ます。A様ご自身の保険料の負担はありませんが、その家族の被扶
　　養者となるには、A様の年収その他の条件を満たす必要があります」
4）「A様が定年退職後も継続雇用によりフルタイムで働く場合は、引
　　き続き健康保険に加入します。また、新たな会社にフルタイムで再
　　就職したときは、再就職先の健康保険に加入します」

・解説と解答・

1）不適切である。退職日の翌日から20日以内に手続をしないと加入できな
　い。また、健康保険の任意継続被保険者になるには、退職した日までの健
　康保険の被保険者期間が継続して2カ月以上なければならない。
2）適切である。
3）適切である。家族が加入する健康保険の被扶養者になるには、年収が①
　180万円未満（60歳未満の者は130万円未満（いずれも収入には雇用保険の
　失業給付も含まれる））、②原則として同居の場合は、加入者の年収の半額
　未満、別居の場合は加入者からの仕送り額未満の条件を満たすことが必要
　である。
4）適切である。継続雇用で働く場合、引き続き健康保険に加入する。一般的
　には退職前に比べると給料が低くなるため保険料も少なくなる。

正解　1）

2-6　任意継続被保険者制度

《問》顧客Aさん（会社員）から、「間もなく定年退職を迎えます。退職
　　　後、現在加入している健康保険に引き続き加入することができる任
　　　意継続被保険者制度があると聞きました。その仕組みについて教え
　　　てください」との依頼を受けた。この場合の回答として、次のうち
　　　最も不適切なものはどれか。
　1）「任意継続被保険者として健康保険に引き続き加入することができ
　　　る期間は、最長3年です」
　2）「任意継続被保険者として健康保険に加入するためには、原則とし
　　　て退職による資格喪失日から20日以内に申出をする必要があります」
　3）「任意継続被保険者の保険料は、その全額を被保険者が負担します」
　4）「任意継続被保険者になった後も、所定の要件を満たす配偶者がい
　　　る場合、健康保険の被扶養者とすることができます」

・解説と解答・

1）不適切である。任意継続被保険者として健康保険に加入することができる
　　期間は、最長2年である。
2）適切である。なお、資格喪失日は退職日の翌日である。
3）適切である。退職前は、一般的に保険料は労使折半なので、保険料の負担
　　が増えることになる。ただし、全国健康保険協会管掌健康保険（協会けん
　　ぽ）などでは、保険料の上限が設けられており、必ずしも2倍になるわけ
　　ではない（健康保険組合では、制度上、上限を設けないことができる）。
4）適切である。

正解　1）

2-7 高額療養費制度①

《問》顧客Ａさんから、「母親が入院することになりました。高額療養費制度があるので、医療費の支払に上限額があると聞きました。どのような制度か教えてください」との依頼を受けた。この場合の回答として、次のうち最も不適切なものはどれか。

1)「高額療養費制度は、保険適用される療養の給付等に対して患者が支払った自己負担額が対象となります。入院中の食費、差額ベッド代等は、支給対象となりません」

2)「高額療養費制度の自己負担限度額は、健康保険の被保険者の年齢によって一部異なりますが、収入によって異なることはありません」

3)「高額療養費制度は、医療機関等で支払った医療費を暦月（月の初めから終わりまで）単位で計算します。月をまたいで入院する場合は、医療費の合算はできません」

4)「入院する前に、ご加入の健康保険から『限度額適用認定証』の交付を受け、医療機関の窓口に認定証を提示すれば、自己負担限度額までの支払に限定することもできます」

・解説と解答・

1) 適切である。高額療養費制度とは、自己負担限度額を超える医療費が払戻しされる制度である。

2) 不適切である。自己負担限度額は、70歳未満の場合、加入者の収入により5段階に区分されている。また、70歳以上の場合、さらに細かく分けられている。

3) 適切である。

4) 適切である。高額療養費制度は、支払った医療費のうち、自己負担限度額を超えた部分が後から給付されるのが原則的な仕組みであるが、限度額適用認定証を提示することにより、高額療養費分を立て替えて負担する必要がなくなる。

<u>正解　2)</u>

2 － 8　高額療養費制度②

《問》顧客Ａさん（59歳）から、「先日入院した際に、健康保険には高額
　　療養費という制度があり、自己負担限度額が設けられていると聞き
　　ましたが、その制度内容について教えてください」との依頼を受け
　　た。この場合の回答として、次のうち最も不適切なものはどれか。
　1）「高額療養費制度とは、同一の医療機関で支払った医療費が１カ月
　　　（暦月）で自己負担限度額を超えた場合に、その超えた額の金額が
　　　健康保険組合などから支給されるという制度です」
　2）「高額療養費の対象となる医療費は、同じ医療機関であっても、医
　　　科と歯科、入院と外来は分けて計算しますが、それぞれ計算された
　　　自己負担額が21,000円以上のものは合算して高額療養費が給付され
　　　ます」
　3）「高額療養費として給付を受けた月数が直近12カ月間で３月以上
　　　あったときは、４月目（４回目）から自己負担限度額が引き上げら
　　　れます」
　4）「高額療養費制度には、同じ医療保険に加入している家族（被保険
　　　者と被扶養者）単位で、医療費の負担を軽減する世帯合算という仕
　　　組みがあります」

●　解説と解答　●

1）適切である。
2）適切である。合算して自己負担限度額を超えた場合、超えた額が給付され
　　る。
3）不適切である。４月目（４回目）から自己負担限度額が引き下げられる。
4）適切である。合算した医療費が、自己負担額を超える場合に高額療養費が
　　給付される。

<u>正解　3）</u>

2－9　後期高齢者医療制度①

《問》顧客Ａさんから、「私と妻は今年75歳になるのですが、公的医療保険が変更になると聞きました。現在、健康的にも経済的にも問題はないので、今の制度のままでもよいのですが、どのような制度になるのか教えてください」との依頼を受けた。この場合の回答として、次のうち最も不適切なものはどれか。

1）「後期高齢者医療制度という制度で、75歳以上の方は自動的に加入することになります。この制度には扶養という考え方はなく、75歳以上の方はそれぞれが被保険者になり、保険料もそれぞれが納めることになります」

2）「後期高齢者医療制度という制度で、75歳以上の方は自動的に加入することになるほか、65歳以上75歳未満の方であって、政令で定める一定程度の障害の状態にあるとして認定を受けた方が被保険者となります」

3）「後期高齢者医療制度という制度で、75歳以上の方は自動的に加入することになります。被保険者の収入に関係なく、外来、入院ともに、かかった医療費の１割相当額を自己負担することになります」

4）「後期高齢者医療制度という制度で、75歳以上の方は自動的に加入することになります。保険料は都道府県（各都道府県に設立された広域連合）ごとに決まりますので、詳しくはお住まいの市町村（特別区を含む）役場等でご確認ください」

・解説と解答・

1）適切である。公的年金の受取額が年額18万円以上の者の場合、年金から徴収される。

2）適切である。

3）不適切である。自己負担は、原則１割であるものの、現役並み所得者の場合は３割、３割負担者を除く所得が一定以上の者は２割負担になる。

4）適切である。

正解　3）

2-10　後期高齢者医療制度②

《問》顧客Ａさんから、「75歳になると後期高齢者医療制度の対象になると聞きました。どのような仕組みなのか教えてください」との依頼を受けた。この場合の回答として、次のうち最も不適切なものはどれか。
1）「後期高齢者医療制度の被保険者の自己負担割合は、原則１割ですが、現役並み所得者の場合は３割になります」
2）「後期高齢者医療制度の保険料率は、３年ごとに見直しが行われます」
3）「後期高齢者医療制度の保険料率は都道府県によって異なり、保険料は、原則として公的年金から徴収されます」
4）「国民健康保険は世帯単位で保険料を負担しますが、後期高齢者医療制度は一人ひとりの被保険者が個人単位で保険料を負担します」

・解説と解答・

1）適切である。なお、３割負担者を除く所得が一定以上の者は２割負担になる。
2）不適切である。保険料率は、２年ごとに見直しが行われる。
3）適切である。後期高齢者医療制度の事務を処理するため、都道府県ごとにその区域内のすべての市町村（特別区を含む）が加入する広域連合が設立されていて、保険料率は広域連合（都道府県）ごとに決められている。
4）適切である。国民健康保険の保険料は、世帯単位で算出され、世帯主に対して徴収されるが、後期高齢者医療制度の保険料は個人単位で徴収される。

正解　2）

2−11　要介護認定

《問》顧客Aさんから、「公的介護保険の要介護認定の申請から認定を受けるまでに、知っておいたほうがよいことはありますか」との質問を受けた。この場合の回答として、次のうち最も適切なものはどれか。

1）「要介護認定の申請は、現在お住まいの市町村（特別区を含む）役場の窓口で行っていただくことになります。ご本人様が申請できない場合は、ご家族や居宅介護支援事業者等が代行できます」

2）「市町村（特別区を含む）の認定（訪問）調査（介護サービスの必要度についての調査）は、ご自宅や入所されている施設や病院などで行われます。ご家族の立会いは可能ですが、認定調査の質問に答えるのはご本人様に限られます」

3）「公的介護保険の認定結果の区分は、要支援1〜2と要介護1〜3の5段階、および非該当のいずれかになります」

4）「要介護認定の申請から認定結果が出るまでに通常2、3カ月かかります。介護保険のサービスを使いたいときは早めに申請をする必要があります」

● 解説と解答 ●

1）適切である。

2）不適切である。認定調査では、介護で困っていること、心身の状況を把握するために、本人だけでなく、家族からも聞き取り調査等が行われる。

3）不適切である。要支援1〜2と要介護1〜5の7段階、および非該当のいずれかになる。

4）不適切である。要介護認定の申請から原則30日以内に認定結果が出て、その結果が記載された被保険者証が届く。

正解　1）

2－12　公的介護保険制度①

《問》顧客Ａさんから、「公的介護保険の仕組みや被保険者について教えてください」との依頼を受けた。この場合の回答として、次のうち最も不適切なものはどれか。

1）「公的介護保険の被保険者は、市町村（特別区を含む）区域内に住所のある65歳以上の方（第１号被保険者）と、40歳以上65歳未満の医療保険に加入する方（第２号被保険者）です。海外に長く滞在していて日本に住民票がない方や、短期間日本に滞在する外国人は被保険者とはなりません」

2）「公的介護保険の財源は、50％を公費で負担し、残りの50％を被保険者が保険料で負担することになっています」

3）「公的介護保険の被保険者は、原因にかかわらず、要介護状態もしくは要支援状態になると、その状態に応じた介護サービス等を利用できます」

4）「第１号被保険者が負担する公的介護保険の保険料は、地域によって異なり全国一律ではありません」

・解説と解答・

1）適切である。

2）適切である。

3）不適切である。第２号被保険者（40歳以上65歳未満の医療保険加入者）が介護サービス等を利用できるのは、末期がんや関節リウマチなどの老化による病気（特定疾病）を原因として要支援、要介護状態になった場合に限定される。

4）適切である。介護保険の保険者は、市町村（特別区を含む）であり、第１号被保険者の保険料は、市町村（特別区を含む）により異なる。

<u>正解　3）</u>

2－13　公的介護保険制度②

《問》顧客Ａさんから、「公的介護保険について教えてください」との依
頼を受けた。この場合の回答として、次のうち最も不適切なものは
どれか。
1）「介護給付を受けようとする被保険者は、要介護者に該当すること
およびその該当する要介護状態区分について、都道府県の認定を受
けなければなりません」
2）「要介護状態区分は、要介護度の高い要介護5から要介護1の5つ
に区分されています」
3）「要介護認定が受けられる要介護者の対象は、第1号被保険者と第
2号被保険者で異なります」
4）「65歳以上の方の介護保険料は、市町村（特別区を含む）の介護事
業計画の見直しに合わせて、3年ごとに改定されます」

・解説と解答・

1）不適切である。介護保険の保険者は市町村（特別区を含む）であり、認定
は市町村（特別区を含む）から受ける。
2）適切である。
3）適切である。第2号被保険者は、特定疾病により要介護状態になった場合
に限り要介護認定を受けることができる。
4）適切である。

正解　1）

2－14　介護保険の介護サービス

《問》顧客Ａさんから、「公的介護保険の要介護認定を受けた場合の介護
　　サービスの給付について教えてください」との依頼を受けた。この
　　場合の回答として、次のうち最も不適切なものはどれか。
1）「要介護の認定を受けると、居宅介護支援事業所に所属するケアマ
　　ネジャーが作成するケアプラン（介護サービス等の提供についての
　　計画）に沿って、介護保険を使ったサービスを利用することができ
　　ます。ケアプランの作成にあたって、利用者の自己負担はありませ
　　ん」
2）「介護老人保健施設は、入浴や食事などの日常生活上の支援や療養
　　上の世話などを提供する施設であり、要介護者と認定された方が終
　　生入所することができます」
3）「公的介護保険の第1号被保険者が、公的介護保険の保険給付の対
　　象となる介護サービスを利用した場合の利用者負担は、原則として
　　介護サービスにかかった費用の1割ですが、所得が一定以上の場合
　　は、2割または3割です」
4）「同じ月に利用した介護サービスの利用者負担額が一定の上限額を
　　超えた場合は、所定の手続により、その上限額を超えた額が高額介
　　護サービス費として支給されます」

・解説と解答・

1）適切である。
2）不適切である。介護老人保健施設（老健）は、リハビリテーションを中心
　　とした医療サービスを提供する施設であり、要介護者の在宅復帰を目指す
　　ものである。日常生活上の支援や療養上の世話などを提供し、終生入所す
　　ることができるのは、介護老人福祉施設（特別養護老人ホーム）である。
3）適切である。
4）適切である。

<u>正解　2）</u>

2−15 地域包括支援センター

《問》顧客Ａさんから、「親の介護について相談するには地域包括支援セ
ンターがよいと聞きました。地域包括支援センターというのはどの
ようなところなのか教えてください」との依頼を受けた。この場合
の回答として、次のうち最も適切なものはどれか。

1）「地域包括支援センターは、高齢者が住み慣れた地域で安心して暮
らせるように介護や福祉医療など、さまざまな面から支援を行うた
めに市町村（特別区を含む）に設置されています。地域包括支援セ
ンターを利用できるのは、要介護認定を受けた高齢者本人またはそ
の家族に限られています」

2）「地域包括支援センターには、原則として保健師、社会福祉士、主
任ケアマネジャーが配置され、権利擁護、総合相談・支援、介護予
防ケアマネジメント、包括的・継続的ケアマネジメント支援等の業
務を担っています」

3）「お金の管理や契約などに不安がある高齢者や、虐待被害に遭って
いる高齢者に対して、その方が持つ権利を守るための権利擁護業務
には、高齢者の収入の柱である年金についての受給内容の相談や受
給の手続を代行することも含まれています」

4）「要介護認定を受けた方は誰でも地域包括支援センターで介護のた
めのケアプランを無料で作ってもらうことができます」

・解説と解答・

1）不適切である。介護に関する内容であれば、要介護認定を受けていなくて
も、高齢者本人はもちろん、その家族や地域の住民など誰でも相談するこ
とができる。

2）適切である。

3）不適切である。権利擁護業務には、年金の相談や手続の代行は含まれな
い。

4）不適切である。地域包括支援センターでは、介護が必要となるおそれのあ
る高齢者、要支援認定を受けた者の介護予防ケアプランの作成を支援して
いるが、要介護認定を受けた者が地域包括支援センターで介護のためのケ
アプランの作成支援をしてもらうことはできない。　　　　　正解　2）

2 - 16　定年後における生命保険の保障の考え方

《問》顧客Ａさんから、「定年退職後の生命保険の保障内容をどのように
　　　考えればよいのか教えてください」との依頼を受けた。この場合の
　　　回答として、次のうち最も不適切なものはどれか。
　1）「定年退職後の生命保険の死亡保障については、生活を支えていた
　　　家計収入の補てんのほかに、葬儀費用や相続対策も含めて考える必
　　　要があります」
　2）「定年退職後の生命保険の医療保障については、60歳以上になると
　　　医療費の自己負担はほとんどありませんので、手厚い医療保障は不
　　　要です」
　3）「高齢化のなかで、寝たきりや認知症によって介護が必要な状態に
　　　なった場合など、広い範囲での生活保障に必要な金額について考慮
　　　する必要があります」
　4）「定年退職後の生命保険の老後保障は、自分自身と配偶者の公的年
　　　金や私的年金の年金額や受取期間を把握したうえで、今後の人生の
　　　長さや生活を意識して準備する必要があります」

・解説と解答・

1）適切である。死亡保障については、一般に、現役時代は収入の補てんが主
　な目的であったのに対し、定年後は、葬儀費用の準備や相続対策を中心に
　必要保障額を考えることになる。
2）不適切である。60歳以上になると自己負担はほとんどない、ということは
　ない（一部負担割合、高額療養費の自己負担限度額は60歳前後で変わるこ
　とはない）。年齢に関係なく、公的な保障ではカバーしきれない高額な医
　療費がかかる場合に医療保障は有効である。
3）適切である。
4）適切である。

正解　2）

2−17　民間の医療保険

《問》顧客Aさんから、「医療保険の加入を検討しています。保険会社の
一般的な医療保険の内容について教えてください」との依頼を受け
た。この場合の回答として、次のうち最も不適切なものはどれか。
1)「医療保険（更新型）は、所定の年齢の範囲内であれば、保険期間
中に入院給付金を受け取っていても、原則としてこれまでと同じ保
険内容（ただし、所定の限度あり）で契約を継続できますが、更新
時の年齢、保険料率によって保険料が再計算されるため、保険料
は、一般的に更新前よりも高くなります」
2)「医療保険は、入院給付金を受け取った後に再度入院した場合、一
般的に前回の入院と合わせて「継続した1回の入院」として扱われ
ます。なお、前回の入院の退院日の翌日から30日を経過して再度入
院した場合は、一般的に別入院（新たな入院）として扱われます」
3)「先進医療特約では、支払対象となる先進医療は、療養を受けた時
点において厚生労働大臣が承認しているものとされています」
4)「がん保険では、がん（悪性新生物など）による入院により被保険
者が受け取る入院給付金については、支払日数の上限はありません」

● 解説と解答 ●

1)　適切である。
2)　不適切である。180日を経過して再度入院した場合は、一般的に別入院
（新たな入院）として扱われる。なお、前回の退院日の翌日から180日以内
に再入院した場合は、①前後の入院が同一の病気でも、異なる病気でも
「継続した1回の入院」とする商品と、②前後の入院が同一の病気であれ
ば「継続した1回の入院」、異なる病気であれば「別入院」とする商品も
あり、医療保険の商品内容は多岐にわたっている。
3)　適切である。
4)　適切である。

<u>正解　2)</u>

2－18　先進医療の特徴

《問》顧客Ａさんから、「加入している医療保険には先進医療特約が付帯
されていますが、内容をよく理解できません。そもそも先進医療と
はどういうものか説明してもらえますか」との依頼を受けた。この
場合の回答として、次のうち最も不適切なものはどれか。

1）「先進医療とは、公的医療保険の対象とならない先進的な医療につ
いて、一般の保険診療との調整を図り、先進的な医療を受けやすく
する制度です。先進医療の代表例は、所定のがん治療での重粒子線
治療、陽子線治療などです」

2）「先進医療に係る費用については、患者の全額自己負担となります
が、通常の治療と共通する部分（診察・検査・投薬・入院料など）
の費用は、一般の保険診療と同様に扱われます」

3）「先進医療は、一般の保険診療の対象外になるため、かかる費用は
患者の全額自己負担となり、所得税の医療費控除も対象外となりま
す」

4）「先進医療を受ける際には、同意書が必要になります」

・解説と解答・

1）適切である。

2）適切である。なお、先進医療に係る費用は、医療の種類や病院によって異
なる。

3）不適切である。「先進医療に係る費用」は全額自己負担することになる
が、医療費として医療費控除の対象となる。

4）適切である。先進医療を受ける際には、治療内容や必要な費用について医
療機関から説明を受け、説明内容に十分に納得したうえで同意書に署名
し、治療を受けることになる。

<u>正解　3）</u>

2 −19　認知症保険

《問》顧客Aさんから、「認知症保険の加入を検討しています。保険会社が扱う一般的な認知症保険の内容について教えてください」との依頼を受けた。この場合の回答として、次のうち最も適切なものはどれか。
1)「被保険者本人が受け取る診断保険金や給付金は、すべて一時所得の対象になります」
2)「軽度認知障がい（MCI：Mild Cognitive Impairment）の診断のみでは、診断保険金や給付金の請求対象外になります」
3)「保障が開始するまで、不担保期間（待機期間）が設定されている商品もあります」
4)「診断保険金の受取方法は、認知症により所定の要介護状態となった場合の初期費用をカバーするための一時金受取りのみになります」

・解説と解答・

1) 不適切である。被保険者本人が受け取る認知症保険の診断保険金、給付金は非課税になる（配偶者など家族が受け取った場合も非課税である）。ただし、その後、被保険者が死亡したとき、受け取った保険金、給付金が残っていれば、相続税の対象となる。
2) 不適切である。認知症保険の診断保険金、給付金の給付条件は、保険会社の取扱商品ごとに異なり、軽度認知障がい（MCI：Mild Cognitive Impairment）の診断を受けた場合にも給付される商品もある。
3) 適切である。保険会社や保険商品によっては、診断保険金に対する保障について、責任開始の日から180日～1年などが不担保期間（待機期間）となり、不担保期間が経過した後に保障が開始される場合もある。
4) 不適切である。保険会社や契約内容により、一時金で受け取る方法や年金（確定、有期、終身など）で受け取る方法などがある。

正解　3)

2 － 20　個人年金保険①

《問》顧客Ａさんから、「個人年金保険の加入を検討しています。どのような商品か教えてください」との依頼を受けた。この場合の回答として、次のうち最も不適切なものはどれか。

1）「個人年金保険は、あらかじめ契約していた年齢になられた時から、5年、10年、15年などの一定期間あるいは一生涯にわたって年金をお受取りいただける保険商品です」
2）「個人年金保険は受取方法により、確定年金、終身年金などの種類に分けられます。年金の受取途中で年金受取人がお亡くなりになった場合は、終身年金のみ、遺族が一定の期間に対応した年金または一時金をお受取りいただけます」
3）「個人年金の種類を変更した場合、加入されている商品によって、加入当時の予定利率、予定死亡率を使用して再計算される場合と、変更時の予定利率、予定死亡率を使用して再計算される場合があります」
4）「契約者と年金受取人が同一の確定年金の場合、年金受取開始時に年金原資（年金を支払うための元手となる資金）を一時金にしてお受取りになると一時所得として課税対象となり、年金でお受取りになると雑所得として課税対象となります」

● 解説と解答 ●

1）適切である。
2）不適切である。個人年金保険の受取方法としての確定年金は、被保険者（年金受取人）の生死に関係なく、一定期間年金を受け取ることが可能である。そのため、年金受取人が死亡した場合、遺族は、確定年金の残りの期間に対応した年金または一時金を受け取ることができる（終身年金は被保険者が生存している限り受け取れるが、受取中に死亡した場合、その時点で支払いは終了する（保証期間付終身年金を除く））。
3）適切である。
4）適切である。

正解　2）

2 −21 個人年金保険②

《問》顧客Ａさんから、「個人年金保険にはどのような特徴がありますか」
との質問を受けた。この場合の回答として、次のうち最も不適切な
ものはどれか。

1)「定額個人年金保険の保険料は、保険料の払込期間が5年以上とい
う要件を満たしていれば、個人年金保険料控除という所得控除の対
象となります」

2)「個人年金保険の年金の受取方法は、商品によっては年1回や隔月
でのお受取りなど、今後のライフスタイルに合わせて選択すること
ができます」

3)「個人年金保険には、一般的に一定の年金額が保証される定額個人
年金保険と運用により年金額が変動する変額個人年金保険があり
ます」

4)「個人年金保険の契約者と年金受取人が同じ場合、お受取りになる
年金は、所得税と住民税の課税対象となります」

・解説と解答・

1) 不適切である。個人年金保険料控除の対象となる契約は、「保険料払込期
間が年金開始まで継続して10年以上」「年金開始年齢が60歳以上で年金支
払期間が10年以上、または年金支払期間が終身」等の一定要件を満たす必
要がある。

2) 適切である。

3) 適切である。

4) 適切である。雑所得として、課税対象になる。

正解　1)

2-22　運用商品としての生命保険の特徴

《問》顧客Aさんから、「生命保険を利用した資産運用で注意することは
ありますか」との質問を受けた。この場合の回答として、次のうち
最も不適切なものはどれか。
1)「一時払いで生命保険の保険料を支払われた場合、生命保険料控除
が適用されるのは、その年の1回となりますのでご注意ください」
2)「変額個人年金保険は、運用実績に応じて、将来給付される年金額
や解約返戻金の額が変動しますのでご注意ください」
3)「定額個人年金保険では、保険契約の締結や維持に必要な保険契約
関係費のほかに、資産運用関係費という費用が別途かかりますので
ご注意ください」
4)「みなし相続財産として相続税の課税対象となる死亡保険金には、
相続税を計算するうえで、一定額までの非課税枠がありますが、法
定相続人以外の方が受け取る死亡保険金には非課税枠の適用はあり
ません」

・解説と解答・

1) 適切である。
2) 適切である。なお、通常、死亡給付金は最低保証されている。
3) 不適切である。定額個人年金保険の払込保険料は、一般勘定で運用される
ため、資産運用関係費はかからない。変額個人年金保険などは、保険契約
関係費のほかに、資産運用関係費（投資信託で運用されるため投資信託の
信託報酬、信託事務の諸費用）がかかる。
4) 適切である。保険契約者（保険料負担者）と被保険者が同一の場合、死亡
保険金は相続税の課税対象になり、相続税を計算するうえで「500万円×
法定相続人の数」の非課税枠があるが、法定相続人以外の者がその死亡保
険金を受け取る場合、取得した保険金に非課税枠の適用はない。

正解　3)

2 −23　払済保険と延長保険

《問》顧客Ａさんから、「退職時の生命保険の見直し方法について教えて
　　ください」との依頼を受けた。この場合の回答として、次のうち最
　　も不適切なものはどれか。
　1）「生命保険の見直し方法の１つに払済保険があります。この方法は、
　　　現在加入している生命保険の保険料の払込みを中止して、その時点
　　　での解約返戻金をもとに、現在の保険契約の継続を図るものです」
　2）「加入している生命保険の保険料の払込みを中止しつつ、死亡保険
　　　金を減額せずに保障を継続させる方法に延長保険がありますが、一
　　　般に、元の契約より保険期間は短くなります」
　3）「払済保険は、加入時の予定利率を引き継ぐため、予定利率の高い
　　　時期に加入していた保険の場合、引き続きその高い予定利率を享受
　　　できるメリットがあります」
　4）「生命保険の見直し方法には、払済保険や延長保険という方法があ
　　　ります。払済保険の場合、付加されている特約は消滅しますが、延
　　　長保険の場合は継続します」

・解説と解答・

1）適切である。払済保険に変更した場合、保険期間は元契約のままで、その
　時点の解約返戻金を、終身保険（元契約の主契約が養老保険の場合は養老
　保険）等の一時払保険料に充当する。
2）適切である。死亡保険金額を減額せずに、現在の保険契約の存続を図る手
　段であり、その時点の解約返戻金を元契約と同一保険金額の定期保険の一
　時払保険料に充当させるという変更方法である。
3）適切である。
4）不適切である。通常、払済保険も延長保険も付加されている特約は消滅す
　る。

正解　4）

2－24　生命保険の契約者変更

《問》顧客Aさんから、「息子の生命保険（毎月払い）の契約者（＝保険料負担者）を、父親である私から息子Bに変更する際に注意することはありますか」との質問を受けた。この場合の回答として、次のうち最も適切なものはどれか。

1）「保険の契約者をA様からB様に変更することは可能ですが、その場合、生命保険料控除の適用をB様が受けることはできません」
2）「保険の契約者をA様からB様に変更するには、保険会社の承諾が必要です」
3）「保険の契約者を変更された場合、契約内容の権利はそのまま継続されます。しかし、同じ保障内容で新たに生命保険に加入される場合に比べますと、保険料は高くなります」
4）「A様からB様へ変更された時点で、贈与税が発生します」

・解説と解答・

1）不適切である。親から子どもに契約者を変更し、その子どもが保険料を支払った場合、支払った者は、生命保険料控除の適用が受けられる。
2）適切である。契約者の変更のためには、被保険者の同意と保険会社の承諾が必要である。
3）不適切である。既払込保険料分、同じ保障内容で新たに加入する場合よりも保険料は安く抑えられる。
4）不適切である。契約者の変更があっても、その変更に対して贈与税が課せられることはない。ただし、その後、契約者であるBが保険金や解約返戻金を取得した場合には、保険料負担割合で受け取った金額を按分し、契約者変更前の部分はAからの贈与により取得したものとみなされて贈与税が課せられる。なお、契約者変更の際には、保険会社等に法定調書の提出が義務付けられている。

<u>正解　2）</u>

2 −25　死亡保険金と税金

《問》顧客Aさんから、「生命保険の死亡保険金等を受け取ったときの税
　　金について教えてください」との依頼を受けた。この場合の回答と
　　して、次のうち最も適切なものはどれか。
　1)「契約者（＝保険料負担者）および被保険者がA様、死亡保険金受
　　　取人がA様の配偶者であるB様の場合、A様の死亡によりB様が受
　　　け取る死亡保険金は、相続税の課税対象となります」
　2)「契約者（＝保険料負担者）および死亡保険金受取人がA様、被保
　　　険者がA様の配偶者であるB様の場合、B様の死亡によりA様が受
　　　け取る死亡保険金は、相続税の課税対象となります」
　3)「契約者（＝保険料負担者）がA様、被保険者がA様の配偶者B様、
　　　死亡保険金受取人がA様の子であるC様の場合、B様の死亡により
　　　C様が受け取る死亡保険金は、相続税の課税対象となります」
　4)「リビング・ニーズ特約に基づき被保険者が生前給付金を受け取っ
　　　た場合、その生前給付金は、一時所得として所得税・住民税の課税
　　　対象となります」

・解説と解答・

1) 適切である。
2) 不適切である。この場合、Aが受け取る死亡保険金は、相続税ではなく、
　　一時所得として所得税・住民税の課税対象になる（Aが保険料を負担し、
　　自分で保険金を受け取るので、相続によりBから取得したものとはみなさ
　　れない）。
3) 不適切である。この場合、Cが受け取る死亡保険金は、贈与税の課税対象
　　になる（保険料を負担したAから、保険金を受け取ったCに贈与があった
　　とみなされる）。
4) 不適切である。リビング・ニーズ特約に基づき被保険者が受け取った（も
　　しくは指定代理請求にて受け取った）生前給付金は、非課税である。ただ
　　し、その後、被保険者が死亡したとき、受け取った給付金が残っていれ
　　ば、本来の相続財産として相続税の課税対象になる。

正解　1)

第 3 章

住まいや財産管理に関する相談

3－1　高齢期の住まいの選択

《問》顧客Aさんから、「老後の住まいが心配です。どのような選択肢が
　ありますか」との質問を受けた。この場合の回答として、次のうち
　最も不適切なものはどれか。
1）「最期までご自宅に住み続けたいというご希望であれば、ご自宅内
　　の段差の解消や手すりの取付け等のリフォーム、介護保険の居宅
　　サービスの利用もご検討ください」
2）「元気なうちから高齢者に対応した終の住まいに住み替えたいとい
　　うご希望であれば、介護の必要がないときに入居でき、介護が必要
　　になったときに介護保険を利用して介護サービスが受けられる特別
　　養護老人ホームへの入所をご検討ください」
3）「できるだけご自宅で生活をし、介護が必要となってから高齢者に
　　対応した住まいに住み替えたいというご希望であれば、24時間対応
　　の包括的な介護サービスが受けられる介護付き有料老人ホームへの
　　入所をご検討ください」
4）「将来、認知症になったときの住まいをご希望であれば、5～9人
　　が1単位の共同居住形態で食事の支度や掃除、洗濯などを施設の職
　　員と共同で行い、家庭的な雰囲気のなかでの生活を送ることを目的
　　としている認知症高齢者グループホームへの入所をご検討ください」

解説と解答

1）適切である。なお、バリアフリー対応のリフォームには、介護保険から費
　用の一部が支給される。
2）不適切である。特別養護老人ホームは、65歳以上で、常時介護が必要、か
　つ居宅においても介護を受けることが困難な者が入所する施設である。平
　成27（2015）年4月以降の新規入所者は、原則として要介護3以上の者に
　限定された。元気な時の住替えが希望であれば、サービス付き高齢者向け
　住宅、住宅型有料老人ホーム、介護付き有料老人ホームなどの選択肢があ
　る。
3）適切である。
4）適切である。

正解　2）

3－2　特別養護老人ホーム

《問》顧客Ａさんから、「介護状態が重くなった場合には特別養護老人ホームに入所するのが安心と聞きましたが、申込みで気をつけることはありますか」との質問を受けた。この場合の回答として、次の(a)～(c)のうち適切なものはいくつあるか。

(a) 「特別養護老人ホームには、65歳以上で、介護保険の要支援や要介護の認定を受けている方であれば、どなたでも申込み、新たに入所することができます」

(b) 「特別養護老人ホームへの入所は、必要性が高いと認められる入所申込者が優先されますので、申込みの時期が早いという理由だけで入所が優先されるとは限りません」

(c) 「特別養護老人ホームに入所したからといって、費用の全額が公的介護保険で賄えるわけではなく、施設サービス費のうち所得水準に応じて1～3割が自己負担とされています」

1) 1つ
2) 2つ
3) 3つ
4) 0（なし）

・解説と解答・

(a) 不適切である。平成27（2015）年以降の特別養護老人ホームへの新規入所については、原則として要介護3以上の者に限定されている。なお、既入居者、やむを得ない事情がある者には入居を認める経過措置がとられている。

(b) 適切である。なお、特別養護老人ホームに入居した場合、居住費や食費は介護保険の給付の対象外であるが、所得に応じた軽減措置が設けられている。

(c) 適切である。

正解　2）

3－3　有料老人ホーム入居上の留意点

《問》顧客Aさんから、「有料老人ホームへの入居を検討していますが、注意することはありますか」との質問を受けた。この場合の回答として、次のうち最も不適切なものはどれか。

1）「有料老人ホームは、一般に、介護付き、住宅型、健康型の３つに分類され、受けられるサービスが異なりますのでご注意ください」
2）「住宅型の有料老人ホームは、自立して生活ができる方を対象としているため、介護が必要になった場合には退去しなければなりませんのでご注意ください」
3）「入居時に一時金が必要な有料老人ホームに入居後、３カ月以内に契約を解除または死亡により契約が終了した場合には、入居日数に応じた家賃やサービス提供費用などの実費相当額を除いた金額が返還されます」
4）「有料老人ホームは自立から入居できるホームもあれば、要介護１以上でないと入居ができないホームもありますので、事前に確認をしておく必要があります」

・解説と解答・

1）適切である。「介護付き」では、有料老人ホームの職員から入浴・排せつ・食事等の介助、その他必要な日常生活上の世話を受けることができる。「住宅型」では、介護が必要となった場合に、入居者が外部の介護サービス事業者と契約をして介護サービスを受けることができる。注意したいのは「健康型」で、介護が必要になった場合には契約を解除して退去しなければならない。
2）不適切である。内容は、「健康型」についての記述である。上記１）の解説を参照。
3）適切である。法律により返金が義務付けられている。
4）適切である。

<u>正解　2）</u>

3－4　サービス付き高齢者向け住宅

《問》顧客Ａさんから、「サービス付き高齢者向け住宅とはどのような施設なのか教えてください」との依頼を受けた。この場合の回答として、次のうち最も不適切なものはどれか。
1）「施設要件として、各専用部分の床面積は原則25㎡以上であること、トイレや洗面所等が設置してあること、バリアフリーであることなどが必要とされています」
2）「入居できるのは、70歳以上の高齢者または要介護・要支援認定を受けた70歳未満の方に限られています」
3）「サービス付き高齢者向け住宅では、少なくとも安否確認サービスと生活相談サービスが受けられます」
4）「公的介護保険の介護サービスについては、外部の事業所と契約をして介護サービスを使う施設と施設内のスタッフが介護サービスを行う施設があります」

・解説と解答・

1）適切である。なお、十分な面積を有する食堂等の共用設備がある場合は、各専用部分の床面積は18㎡以上とされている。
2）不適切である。サービス付き高齢者向け住宅に入居できるのは、原則として60歳以上または要支援・要介護認定を受けている単身者、60歳以上または要支援・要介護認定を受けている者で、同居者が、①配偶者、②60歳以上の親族、③要支援・要介護認定を受けている親族、④地方公共団体の長が認める者（介護者、扶養する児童、障害者等）の場合などとされている。
3）適切である。
4）適切である。

正解　2）

3-5　リバースモーゲージ

《問》顧客Aさんから、「リバースモーゲージの利用にあたって注意する
　　ことはありますか」との質問を受けた。この場合の回答として、次
　　のうち最も不適切なものはどれか。
　1）「社会福祉協議会が行う不動産担保型生活資金貸付制度を利用され
　　　る場合の要件には、借入申込人が単独で所有または同居の配偶者と
　　　共有されている住居にお住まいであること、申込世帯の構成員が原
　　　則として65歳以上であることなどがありますが、収入に関する要件
　　　はありません」
　2）「リバースモーゲージを取り扱う民間金融機関は徐々に増えてきて
　　　いますが、金融機関によって、借入申込人の年齢、対象不動産など
　　　の要件や貸付限度額も異なりますので、事前に確認することが必要
　　　です」
　3）「リバースモーゲージを利用するうえでの注意点は、金利上昇リス
　　　ク、不動産価格下落リスク、長生きリスクなどがあります」
　4）「社会福祉協議会が行う不動産担保型生活資金貸付制度を利用され
　　　る場合の貸付期間は、貸付元利金が貸付限度額に達するまでの期間
　　　となりますので、貸付期間後の生活プランもあらかじめ検討してお
　　　く必要があります」

・解説と解答・

1）不適切である。収入に関しても必要な資金を他から借り受けることが困難
　な低所得世帯（市町村（特別区を含む）民税が非課税等）と定められてい
　る。そのほか、貸付限度額は、原則として担保となる土地評価額の70％以
　内、貸付月額は30万円以内となっている。
2）適切である。対象不動産は、一戸建て住宅だけでなく、一定の要件を満た
　すマンションでも可能という金融機関もある。
3）適切である。長期間借入中に金利が上昇することにより貸付月額が少なく
　なってしまう（金利上昇リスク）、地価の下落により担保の評価額が下
　がって融資限度額が減少してしまう（不動産価格下落リスク）、借入期間
　が長期化し融資限度額に達してしまう（長生きリスク）などの点に注意が
　必要である。

4）適切である。貸付限度額に達するとそれ以上の貸付ができなくなるため、短期間で限度額に達すると予測される場合は、その後の生活設計も視野に入れておく必要がある。

正解　1）

3－6 バリアフリー改修工事

《問》顧客Ａさんから、「自宅を住みやすくするために、バリアフリー改
修工事をしようと考えています。補助や税金の優遇はありますか」
との質問を受けた。この場合の回答として、次のうち最も不適切な
ものはどれか。

1)「公的介護保険の要支援、要介護に認定された方が、ご自宅に手す
りを取り付ける等の住宅の改修を行う場合、実際の住宅改修費の全
額（最高20万円）が支給される制度があります」

2)「バリアフリー改修工事を行う場合、一定の要件を満たすことで、
工事翌年度の固定資産税の３分の１が減額される特例措置の適用を
受けることができます」

3)「バリアフリー改修工事を行う場合、一定の要件を満たすことで、
一定額がその年分の所得税額から控除される『住宅特定改修特別税
額控除』の適用を受けることができます」

4)「行政サービスの充実を図る目的で、独自に助成金制度を行ってい
る自治体もあるので、事前確認をすることをお勧めします」

・解説と解答・

1) 不適切である。公的介護保険制度からの保険給付の額は、介護住宅改修費
（限度額20万円）の100分の90（一定以上の所得がある場合は100分の80ま
たは100分の70）であり、全額が支給されるわけではなく、改修工事着工
前に一定の書類を添付し市町村（特別区を含む）に申請する必要がある。

2) 適切である。

3) 適切である。控除額は、バリアフリー改修工事の標準的な費用の額（最高
200万円）の10％と、標準的な費用の額のうち200万円を超える額およびバ
リアフリー改修工事以外の一定の増改築等の費用の５％の合計である。

4) 適切である。

<u>正解　1)</u>

3－7　住宅ローンの一部繰上げ返済

《問》顧客Aさんから、「住宅ローンの一部繰上げ返済を考えています。
　　　繰上げ返済の注意点等を教えてください」との依頼を受けた。この
　　　場合の回答として、次のうち最も不適切なものはどれか。
　1）「住宅ローンの一部繰上げ返済は、その実行時期が早いほど、元利
　　　金総返済額を減少させる効果が大きくなります」
　2）「住宅ローンの一部繰上げ返済には、返済期間短縮型と、返済額軽
　　　減型の方法がありますが、他の条件が同じであれば、返済期間短縮
　　　型よりも返済額軽減型のほうが利息の軽減効果が大きくなります」
　3）「住宅ローンを繰上げ返済する場合、金融機関により最低返済額や
　　　必要となる手数料が異なるため、事前に確認する必要があります」
　4）「住宅借入金等特別控除（住宅ローン控除）の適用を受けている方
　　　が、住宅ローンの一部繰上げ返済を行い、借入金の償還期間が当初
　　　の借入れの日から10年未満となった場合、その後の期間について
　　　は、住宅ローン控除の適用を受けることはできません」

・解説と解答・

　1）適切である。
　2）不適切である。同条件の場合、返済期間短縮型のほうが、利息軽減効果が
　　　大きくなる。
　3）適切である。
　4）適切である。

正解　2）

3−8　金融商品のリスク

《問》顧客Aさんから、「金融商品のリスクについて教えてください」との依頼を受けた。この場合の回答として、次のうち最も適切なものはどれか。
　1）「債券の発行体の財務状況の悪化などにより、その発行する債券の利子や償還金の支払が債務不履行（デフォルト）となるリスクを、信用リスクといいます」
　2）「市場で流通している信用リスクの高い債券と信用リスクの低い債券を比較した場合、他の条件が同じであれば、信用リスクの高い債券のほうが利回りは低くなります」
　3）「米ドル建て債券を保有している場合、為替レートが円安・米ドル高に変動することは、当該債券に係る円換算の投資利回りの下落要因となります」
　4）「外貨建て個人年金保険は、円換算特約を付加することで、為替変動があっても円貨で受け取る場合の年金受取総額が既払込保険料相当額を下回ることはありません」

・解説と解答・

1）適切である。
2）不適切である。信用リスクの高い債券のほうが、価格が安くなるので、利回りは高くなる。
3）不適切である。円安になると、売却時の円ベースの価格が高くなり、為替利益が生じるので円換算利回りは上昇する。
4）不適切である。円換算特約は、保険料の支払、保険金の受取りを外貨ではなく円で行う特約であり、受取時の為替レートがあらかじめ固定されるわけではないので、為替変動リスクを回避することはできない。したがって、円換算特約を付加しても、円ベースの年金受取総額が既払保険料相当額を下回ることはあり得る。

正解　1）

3－9　株式投資と留意点

《問》顧客Ａさんから、「株式投資で注意すべきことはありますか」との
　　　質問を受けた。この場合の回答として、次のうち最も不適切なもの
　　　はどれか。
　1)「株式投資は、その企業の業績や経済環境により、大きなリターン
　　　が望める反面、大きな損失を被ることもありますが、分散投資を行
　　　うことでリスクを抑えることも可能です」
　2)「株式を購入しても、実際に株主として株主名簿に名前が記載され
　　　るのは約定日（取引が成立した日）の翌日から起算して２営業日目
　　　です。株主の権利を得るためには、権利確定日の２営業日前までに
　　　購入しなければなりません」
　3)「一般に、PERは、業界平均や過去の数値からみて、会社の業績が
　　　安定している状況でその数値が低ければ株価は割安、業績が低迷し
　　　ていて特に好材料がない状況でPERが高ければ株価は割高といえま
　　　す」
　4)「国内上場株式を売買するには、証券会社に対して売買委託手数料
　　　を支払いますが、この手数料はどの証券会社であっても同じ額です」

・解説と解答・

1)　適切である。株式投資には元本保証はない。株価の乱高下によっては、大
　　きな損失を被ることもあるが、分散投資（銘柄、購入時期等）を行うこと
　　でリスクを抑えることも可能となる。
2)　適切である。株式を購入した日に株主になることはできず、実際に株主と
　　して記載されるのは約定日の翌日から起算して２営業日目であり、株主の
　　権利を得るためには、権利確定日の２営業日前までに購入しなければなら
　　ない。
3)　適切である。一般に、業界平均や過去の数値からみてPER（株価収益率）
　　が高ければ、株価は割高といえる。
4)　不適切である。証券会社によって売買委託手数料は異なる。

正解　4)

3−10　株式投資と投資指標

《問》顧客Ａさんから、「株式投資をするうえで、投資指標を把握することが大切と聞きました。代表的な投資指標を教えてください」との依頼を受けた。この場合の回答として、次のうち最も不適切なものはどれか。

1 ）「配当利回りは、『1株当たりの年間配当金÷株価×100（％）』で算出されます」
2 ）「ROEは、企業が自己資本に対してどれだけの利益を上げたかを示す指標で、『当期純利益÷自己資本×100（％）』で算出されます」
3 ）「PBRは、企業の時価総額が、企業の持っている純資産の何倍の値段で評価されているかを測る指標で、『株価÷1株当たりの純資産』で算出されます」
4 ）「PERは、『1株当たり配当金÷1株当たりの当期純利益×100（％）』で算出されます」

・解説と解答・

1 ）適切である。
2 ）適切である。
3 ）適切である。
4 ）不適切である。PER（株価収益率）は、1株当たりの純利益に対して、株価が何倍で買われているかを表したもので、「株価÷1株当たりの純利益」で求める。

正解　4 ）

3－11　外貨預金

《問》顧客Aさんから、「外貨預金について教えてください」との依頼を
　　受けた。この場合の回答として、次のうち最も不適切なものはどれ
　　か。
1)「外貨両替のレートにはTTSとTTBがあり、外貨預金の預入時に円
　　貨を外貨に換える際の為替レートは、TTSが適用されます」
2)「外貨預金の取引に係る為替手数料の料率は、どの取扱金融機関も
　　同じであり、外国通貨の種類ごとに一律に決められています」
3)「外貨定期預金の満期時の為替レートが預入時の為替レートに比べ
　　て円安になれば、当該外貨定期預金に係る円換算の投資利回りは上
　　昇します」
4)「外貨預金は、国内銀行に預け入れたものであっても、預金保険制
　　度による保護の対象となりません」

・解説と解答・

1)　適切である。TTSのSは、Sell（売る）の頭文字をとったものであり、
　　TTSは金融機関が顧客に外貨を売る際に適用されるレートである。
2)　不適切である。為替手数料の料率は、各金融機関が独自に決めている。同
　　じ通貨であっても金融機関により異なることがある。
3)　適切である。円安により満期時の円ベースの受取額が大きくなるので、利
　　回りが上昇する。
4)　適切である。

正解　2)

3-12　金融リスク商品

《問》顧客Ａさんから、「投資信託のコストについて教えてください」との依頼を受けた。この場合の回答として、次のうち最も適切なものはどれか。
1）「購入時手数料がかかる投資信託については、販売会社（証券会社や銀行等金融機関）により購入時手数料率が異なる場合があります」
2）「投資家が負担する運用管理費用（信託報酬）は、決算日に前期決算日から当期決算日前日までの信託報酬がまとめて控除されるため、決算日の基準価額はその分下落することになります」
3）「運用管理費用（信託報酬）は、投資信託委託会社（運用会社）や受託会社（信託銀行）に対する報酬であり、販売会社（証券会社や銀行等金融機関）に信託報酬は分配されません」
4）「信託財産留保額とは、投資信託を途中で解約する際に投資家が負担する費用のことです。投資信託を解約した投資家と、引き続きその投資信託を保有する投資家との公平性を確保するためにすべての投資信託に設定されているものであり、その料率は一律です」

・解説と解答・

1）適切である。
2）不適切である。運用管理費用（信託報酬）は、投資家が投資信託を保有している間、投資信託の保有額に応じて日々信託財産から差し引かれるものであり、決算日にまとめて控除されるわけではない。
3）不適切である。運用管理費用（信託報酬）の一部は、事務代行手数料として販売会社（証券会社や銀行等金融機関）にも分配される。
4）不適切である。信託財産留保額はすべての投資信託に設定されているわけではなく、信託財産留保額がない投資信託もある。

<u>正解　1）</u>

3 － 13　NISA

《問》顧客 A さんから、「2024年 1 月にスタートした新NISAについて教え
てください」との依頼を受けた。この場合の回答として、次のうち
最も適切なものはどれか。なお、NISAとは少額上場株式等に係る
配当所得および譲渡所得等の非課税措置のことをいい、NISA口座
とは同措置により投資収益が非課税となる口座をいう。
1)「新NISAは年間投資枠が120万円のつみたて投資枠と年間投資枠240
万円の成長投資枠に分けられていて、同一年に両者を併用すること
はできません」
2)「非課税保有限度額は、つみたて投資枠と成長投資枠の合計で1,800
万円で、投資額が1,800万円に達した場合、一部を売却した場合で
あっても投資枠が復活することはありません」
3)「非課税保有期間はつみたて投資枠、成長投資枠とも無期限であり、
口座開設の期限も設けられていません」
4)「新NISAのスタートに伴い、2023年末をもって従来のNISAは廃止
され、従来のNISA口座において投資した商品は強制的に解約させ
られる」

・解説と解答・

1)　不適切である。120万円のつみたて投資枠と240万円の成長投資枠は同一年
に併用することができる。
2)　不適切である。1,800万円の非課税保有限度額は投資額の残高ベースで判
断するので、売却した場合はその分、投資枠が再利用できる。
3)　適切である。
4)　不適切である。従来のNISA口座において投資した商品を新しいNISAに
移すことはできないが、従来のNISA口座はその非課税保有期間の終了ま
で存続し、すでに投資した商品については引き続き非課税の扱いを受けら
れる。

<u>正解　3)</u>

3-14 預金保険制度（ペイオフ）

《問》顧客Aさんから、「預金保険制度（ペイオフ）について教えてください」との依頼を受けた。この場合の回答として、次のうち最も適切なものはどれか。

1)「ペイオフは、日本国内に本店のある銀行、信用金庫などの金融機関が破綻したときに、預金保険機構が預金者1人につき、定期預金や外貨預金などを合わせて元本1,000万円までと破綻日までの利息を保護する制度です」

2)「ペイオフは、外国銀行の在日支店での普通預金等も保護の対象としています」

3)「元本が保証される元本補てん契約のある金銭信託も、ペイオフの対象となります」

4)「同一の預金者が同一の銀行に複数の口座を有している場合には、それぞれの口座ごとに対象となる預金の元本1,000万円とその利息が保護されます」

・解説と解答・

1) 不適切である。預金保険制度（ペイオフ）によって、一般の預金は元本1,000万円と破綻日までの利息等が保護されるが、外貨預金はペイオフの対象外である。なお、決済用預金（無利息、要求払い、決済サービスを提供できるという3条件を満たすもの）は全額保護される。

2) 不適切である。日本国内に本店のある金融機関の海外支店、外国金融機関の在日支店は、預金保険制度（ペイオフ）の対象外とされている。

3) 適切である。なお、外貨預金や譲渡性預金などは対象外である。

4) 不適切である。保護されるのは、1金融機関ごとに合算して「預金者1人当たり元本1,000万円と破綻日までの利息」であり、口座ごとではない。破綻処理の際には、金融機関ごとに名寄せ（同一の預金者が複数の預金口座を有している場合にはそれらを合算する作業）が行われる。

正解　3)

3－15　普通養子縁組①

《問》顧客Aさんから、「娘の子である孫B（25歳）を養子にしたいと考
　　えています。養子縁組について教えてください」との依頼を受け
　　た。この場合の回答として、次のうち最も適切なものはどれか。な
　　お、特別養子縁組は考慮せず、普通養子縁組について答えることと
　　する。
　1）「AさんがBさんと養子縁組を行う場合には、原則として家庭裁判
　　　所の許可が必要になります」
　2）「養子は、養子縁組の日から養親の嫡出子の身分を取得しますが、
　　　養子の法定相続分は、実子の法定相続分の2分の1となります」
　3）「養子縁組は離縁することができないので、慎重に行う必要があり
　　　ます」
　4）「養子縁組が成立した場合、その養子は縁組前の親族関係を保有し
　　　たまま、養親の相続人としての地位を有することになります」

・解説と解答・

1）不適切である。原則的に家庭裁判所の許可が必要となるのは、未成年者を
　養子とする場合（民法798条）、および後見人が被後見人を養子とする場合
　（同法794条）である。ただし、自己または配偶者の直系卑属を養子とする
　場合は、その者が未成年者であっても許可は不要なので（同法798条ただ
　し書）、本問ではBが成年か未成年かにかかわらず、許可は不要である。
2）不適切である。養子縁組により、養子縁組の日から養子は養親の嫡出子の
　身分を取得する（民法809条）ため、法定相続分は実子と同じになる。
3）不適切である。養子縁組は離縁の手続をとることで離縁することができる。
　離縁の方法としては、離婚の場合と同様に、①協議離縁、②調停離縁、審
　判離縁、③裁判離縁の3つの方式があり、離婚の場合と同様に、まずは当
　事者間で協議し（民法811条1項）、協議が調わないときは調停前置である
　ことから（家事事件手続法257条1項）、調停離縁を申し立てることにな
　る。そして、場合によっては調停に代わる審判により離縁となることもあ
　るが（同法284条1項）、原則として調停が不調となれば裁判離縁を申し立
　てることになる（人事訴訟法2条3号）。なお、協議離縁の場合は、市町
　村（特別区を含む）役場へ届出をすることによって離縁の効力が生じる。

4）適切である。養子は縁組前の親族関係を保有したまま、養親との親子関係を有することで二重関係になる（特別養子縁組を除く）。

正解　4）

3－16　普通養子縁組②

《問》顧客Aさん（既婚者）から、「甥のB（17歳）を養子にしたいと考えています。養子縁組について教えてください」との依頼を受けた。この場合の回答として、次のうち最も不適切なものはどれか。なお、特別養子縁組は考慮せず、普通養子縁組について答えることとする。

1）「養子は、嫡出子として血族関係になりますので、A様にお子様がいる場合は、その子とB様は当然に兄弟姉妹（2親等）の関係になります」
2）「B様は17歳ですから、養子になることについてB様の法定代理人の承諾は不要です」
3）「B様は17歳ですから、A様だけの養子とするのではなく、A様と奥様との2人の養子とする必要があります」
4）「B様は17歳ですから、養子とするには家庭裁判所の許可が必要です。その許可が出た時に、B様はA様の嫡出子の身分を取得します」

・解説と解答・

1）適切である。養子縁組により、養子縁組の日から養子は養親の嫡出子の身分を取得する（民法809条）。そのため、実子とは兄弟姉妹の関係になるとともに、法定相続分も実子と等しいものとなる。
2）適切である。法定代理人の承諾が必要なのは、養子となる者が15歳未満の場合である（民法797条1項）。
3）適切である。配偶者のある者が未成年者を養子とするには、配偶者の嫡出である子を養子にする場合等を除き、原則として配偶者とともにしなければならない（民法795条）。
4）不適切である。未成年者を養子とするには原則として家庭裁判所の許可が必要なので前段は正しい（民法798条）。しかし、養子縁組の効力が生じるのは戸籍法に定める届出が受理された時であり（民法799条、739条）、後段は誤りである。

正解　4）

3 −17　遺言信託

《問》顧客Aさんから、「金融機関で取り扱われている『遺言信託』という商品は、どういうものですか」との質問を受けた。この場合の回答として、次のうち最も不適切なものはどれか。

1)「金融機関で扱う遺言信託業務は、遺言書の保管や遺言執行に関するサービス業務をいい、一般的には、公証人が作成した公正証書遺言について、保管・管理・遺言執行を含む一連の業務を、生前に金融機関と遺言者間で契約しておくものです」

2)「遺言信託の場合、公正証書遺言の原本は信託銀行が遺言執行まで保管し、謄本は遺言者または家族で保管するのが一般的です」

3)「遺言者が逝去された場合、あらかじめ届出していただく死亡通知人が信託銀行に連絡することにより、信託銀行は保管している遺言書を開示し、遺言の執行業務を開始します」

4)「遺言信託業務は、信託銀行だけでなく、都市銀行、地方銀行、信用金庫など一部の金融機関でも取り扱っています」

・解説と解答・

1)　適切である。金融機関の遺言信託業務においては、原則として遺言執行者は受託者である信託銀行等が引き受ける。

2)　不適切である。公正証書遺言は公証人によって作成されるものであるため原本が公証役場に保管される。遺言信託の場合、信託銀行等では正本を保管し、謄本は遺言者が保管することになる。

3)　適切である。

4)　適切である。遺言信託業務は、信託銀行だけでなく、都市銀行、地方銀行、信用金庫など一部の金融機関や信託会社でも取り扱っている（金融機関の信託業務の兼営に関する法律1条1項4号、銀行法12条)。

正解　2)

3−18　特定贈与信託

《問》顧客Ａさんから、「障害等級２級の息子のために財産を残したいと思っています。自分が亡くなった後でも困らないようにするために特定贈与信託がよいと聞きました。どのようなものなのか教えてください」との依頼を受けた。この場合の回答として、次のうち最も不適切なものはどれか。

1）「特定贈与信託とは、親族等が金銭などを信託銀行等に信託し、信託銀行等が信託財産を管理・運用しつつ、特定障害者の生活や療養等のために、定期的に金銭を交付するものです。信託できる財産は、法令により決められています」

2）「特定贈与信託を利用すると、「特別障害者」は信託受益権の価額で最高8,000万円まで、「特別障害者以外の特定障害者」は最高4,000万円まで贈与税が非課税となります」

3）「特定贈与信託を利用すると、設定後３年以内にＡ様に相続が発生しても、設定の際に非課税の適用を受けた金額に相当する部分の価額は、相続税の課税価格には加算されません」

4）「特定贈与信託の信託期間は、特定障害者の死亡の日に終了することとされており、あらかじめ信託期間を決めておくことはできません」

・解説と解答・

1）適切である。なお、信託できる財産は、①金銭、②有価証券、③金銭債権、④立木およびその立木の生立する土地（立木とともに信託されるものに限る）、⑤継続的に相当の対価を得て他人に使用させる不動産、⑥受益者である特定障害者の居住の用に供する不動産（上記①から⑤までの財産のいずれかとともに信託されるものに限る）となる（相続税法21条の４第２項、相続税法施行令４条の11）。

2）不適切である。特定贈与信託を利用することにより、「特別障害者」は信託受益権の価額で最高6,000万円、「特別障害者以外の特定障害者」は最高3,000万円まで贈与税が非課税となる（相続税法21条の４第１項）。

3）適切である。

4）適切である。特定贈与信託と認められるためには、受益者である特定障害

者の死亡の日に終了するという要件を備えている必要があり、あらかじめ
信託期間を定めることはできない（相続税法21条の 4 第 2 項、相続税法施
行令 4 条の12第 1 号）。

正解　2 ）

3 － 19　後見制度支援預金、後見制度支援信託

《問》顧客Ａさんから、「後見制度支援預金や後見制度支援信託について教えてください」との依頼を受けた。この場合の回答として、次のうち最も不適切なものはどれか。
1）「後見制度支援預金の対象となる預金は、普通預金、決済用預金で、総合口座のお取扱いはできません」
2）「後見制度支援預金口座では、キャッシュカードの発行はできません」
3）「後見制度支援信託の利用は、（未）成年後見制度の被後見人および被保佐人を対象としていて、成年後見制度の被補助人および任意後見制度の本人は利用できません」
4）「後見制度支援信託では、信託契約締結後、金融機関は契約で定められた金額を定期的に後見人が管理する預貯金口座に給付します。後見人は、この口座から本人の生活費用など日常的な支出を行います」

・解説と解答・

1）適切である。
2）適切である。
3）不適切である。成年後見支援信託を利用できる類型は、成年後見および未成年後見で、保佐、補助および任意後見では利用することができない。
4）適切である。

正解　3）

3-20 任意後見制度

《問》顧客Aさんから、「任意後見制度を利用する際の任意後見契約の締
結の仕方や基本的な特徴について教えてください」との依頼を受け
た。この場合の回答として、次のうち最も不適切なものはどれか。
1)「任意後見契約は、ご本人様と任意後見人となる方との間で委任内
容を取り決めて、公証役場で任意後見契約公正証書を作成してもら
う必要があります」
2)「任意後見契約は、ご本人様の判断能力が低下した後に、医師の立
会いのもと、締結する必要があります」
3)「任意後見契約の効力は、ご本人様の判断能力が低下した後に、家
庭裁判所により任意後見監督人が選任されることにより生じます」
4)「管理を任せる方は、信頼できる身内の方や第三者など幅広く可能
です。委任内容に応じ複数の方と契約もできます」

・解説と解答・

1)適切である。任意後見人には、信頼できる者であれば親族等や知人、弁護
士や司法書士などの専門家がなることができる。そして、任意後見契約
は、法律によって公正証書によって契約することが定められている（任意
後見契約に関する法律3条）。
2)不適切である。任意後見契約は、本人が判断能力の低下後に締結するので
はなく、契約の締結に必要な判断能力を有している間に、将来の自己の判
断能力が低下したときのために、あらかじめ取り交わす契約である。
3)適切である。委任者（本人）の判断能力が不十分になったと認められると
きに、本人、配偶者、4親等内の親族または任意後見受任者が家庭裁判所
に任意後見監督人の選任請求をして、任意後見監督人が選任されることに
よって、任意後見契約の効力が発生する（任意後見契約に関する法律4条
1項、2条1号）。
4)適切である。管理を任せる者（任意後見人）は、家族や親族だけでなく、
専門家や法人でも構わない。また、委任内容に応じて複数の者と契約もで
きる。

正解　2)

3−21　任意後見制度に係る費用・報酬

《問》顧客Aさんから、「任意後見契約に係る費用等について教えてください」との依頼を受けた。この場合の回答として、次のうち最も不適切なものはどれか。

1）「任意後見契約書は、原則として公証役場において作成しますが、公証役場は公的機関なので、作成において費用は発生しません」
2）「弁護士や司法書士等の専門家がなる後見人を、専門職後見人といいます。一般に、専門職後見人には、それぞれ所定の報酬が必要となります」
3）「任意後見人の仕事を監督する任意後見監督人は、家庭裁判所が選任し、その報酬は家庭裁判所が決定します」
4）「任意後見人の報酬については、家庭裁判所は関与しませんので、本人と任意後見人との間で自由に決めることができます」

・解説と解答・

1）不適切である。公証人への報酬や手数料が必要となる。任意後見契約においては、公正証書作成費用が原則として11,000円、登記印紙代（受任者1名につき）2,600円、登記嘱託手数料（受任者1名につき）1,400円、書類代（正本、謄本）1枚当たり250円および書留郵便料がかかる。

2）適切である。後見人を弁護士や司法書士等の専門家、社会福祉協議会、公益社団法人成年後見センター・リーガルサポートなどの法人に依頼する場合は、それぞれ所定の報酬が必要である。

3）適切である。任意後見監督人の報酬は、事案に応じて家庭裁判所が決定する（任意後見契約に関する法律7条4項）。

4）適切である。任意後見監督人の監督下で後見を行う任意後見人の報酬は、家庭裁判所は関与しないので、本人と任意後見人との間で自由に決めることができる。

<u>正解　1）</u>

3−22　成年後見制度

> 《問》顧客Ａさんから、「父が認知症のため成年後見制度を利用したいと
> 　考えているのですが、注意することはありますか」との質問を受け
> 　た。この場合の回答として、次のうち最も不適切なものはどれか。
> 1）「成年後見制度の適用を認めてもらうための申立ては、ご本人様以
> 　外にも、配偶者や4親等内のご親族などであれば行うことができま
> 　す」
> 2）「法定の成年後見制度は、ご本人様の判断能力の程度により、後見、
> 　保佐、補助に分かれます。それぞれで、ご本人様単独で可能な行為
> 　は異なります」
> 3）「お父様がお住まいの地域の家庭裁判所に、成年後見制度の利用の
> 　申立てをされると、家庭裁判所は、成年後見制度の適用を認める際
> 　には必ず成年後見（保佐・補助）監督人を選任しますので、ご家族
> 　はこの監督人とよくご相談ください」
> 4）「後見人は、被後見人の財産を管理し、その財産に関する法律行為
> 　について包括的な代理権を有することになります。ただし、居住用
> 　建物またはその敷地の売却や賃貸などは家庭裁判所の許可が必要と
> 　なります」

・解説と解答・

1）適切である。その他の申立権者には、状況に応じ、検察官、任意後見受任
　者、任意後見人、任意後見監督人、市町村（特別区を含む）長などがいる
　（民法7条、11条、15条）。

2）適切である。「事理を弁識する能力を欠く常況にある者」については成年
　後見が（民法7条）、「事理を弁識する能力が著しく不十分である者」につ
　いては保佐が（同法11条）、「事理を弁識する能力が不十分である者」につ
　いては補助が（同法15条1項）、それぞれ適用される。そして、本人の事
　理弁識能力の程度に応じて、成年後見人、保佐人、補助人の権限が異なる
　こととなる（同法9条、13条、17条）。

3）不適切である。家庭裁判所は、必要と認めたときに、成年後見監督人等を
　選任することができるとされている。法定後見制度では、通常、家庭裁判
　所が、判断能力の程度に応じ、後見、保佐、補助の審判を行い、それぞれ

成年後見人、保佐人、補助人を選任し（民法7条、11条、15条）、監督するが、本人の財産状況などを考慮して、よりきめ細かく後見人（保佐人、補助人）の行為を監督する必要があると認められる場合は、本人や親族または後見人（保佐人、補助人）の請求により成年後見監督人（保佐監督人、補助監督人）を選任することができる（同法849条、876条の3第1項、876条の8第1項）。

4）適切である。後見人は、被後見人の財産を管理し、その財産に関する法律行為について包括的な代理権を有することになる（民法859条1項）。ただし、居住用建物またはその敷地の売却や賃貸、抵当権の設定などは被後見人の生活環境への影響が特に大きいことから、被後見人の不利益にならないように、家庭裁判所の許可が必要となる（同法859条の3）。

正解　3）

3−23　保証債務と相続

《問》顧客Ａさんから、「父親が亡くなった場合、父親が保証人となっている債務（保証債務）はどうなりますか」との質問を受けた。この場合の回答として、次のうち最も適切なものはどれか。

1）「お父様が普通の保証人ではなく連帯保証人である場合、それを相続したＡ様は、催告の抗弁はできますが、検索の抗弁はできません」
2）「お父様が連帯保証人となっている保証債務は、相続放棄できませんが、それ以外の保証債務は相続放棄できます」
3）「お父様のほかに連帯保証人が数人いる場合でも、お父様の相続人がＡ様おひとりで、Ａ様がお父様の保証債務を相続し、その後に主たる債務者が返済困難に陥ったときには、Ａ様は債権者から保証債務の全額を返済するよう請求を受けます」
4）「相続放棄するには原則として家庭裁判所に申立てをする必要がありますが、Ａ様以外にも相続人がいる場合で、遺産分割協議において他の相続人が保証債務を全額支払うことで協議が成立したときも、Ａ様は保証債務の支払義務を免れることができます」

・解説と解答・

1）不適切である。相続人は、相続によって被相続人の地位を引き継ぎ、相続人が複数いる場合には、被相続人の保証債務を法定相続分に従って分割して相続することになる。その場合、その相続する債務が連帯保証債務である場合には、その相続した債務が連帯保証であること自体は変動しないことから、その連帯債務を相続した相続人は、催告の抗弁権も検索の抗弁権も有しないこととなる（民法454条）。
2）不適切である。普通保証債務も連帯保証債務も、相続放棄は可能である。
3）適切である。連帯保証人には「分別の利益（等分に分割された額の範囲で債務を負担すること）」はない。ただし、連帯保証人間では、負担割合に応じた求償権がある。
4）不適切である。遺産分割協議において、特定の相続人が相続債務を引き継ぐ旨が合意されたとしても、その合意はあくまで相続人間で有効であるにとどまり、債権者の請求権を拘束するものではない。

<u>正解　3）</u>

第 4 章

相続・贈与に関する相談

4－1　相続の流れ

《問》顧客Aさんから、「相続が発生した場合、いつまでにどのような手
　　続が必要になりますか」との質問を受けた。この場合の回答とし
　　て、次のうち最も不適切なものはどれか。
　1)「相続放棄または限定承認をする場合には、自己のために相続の開
　　　始があったことを知った時から 3 カ月以内に、家庭裁判所に申述書
　　　を提出しなければなりません」
　2)「故人（被相続人）の所得税については、相続人が、自己のために
　　　相続の開始があったことを知った日の翌日から 4 カ月以内に、故人
　　　のその年の 1 月 1 日から死亡日までの所得について、準確定申告と
　　　いう手続をする必要があります」
　3)「民法によって、相続人はいかなる場合であっても、自己のために
　　　相続の開始があったことを知った日の翌日から10カ月以内に、故人
　　　（被相続人）の遺産分割協議を行う必要があります」
　4)「相続人は、相続や遺贈によって取得した財産に相続税がかかる場
　　　合には、自己のために相続の開始があったことを知った日の翌日か
　　　ら10カ月以内に、相続税の申告および納付を行う必要があります」

● 解説と解答 ●

1)　適切である。相続放棄または限定承認を行う場合には、自己のために相続
　　の開始があったことを知った時から 3 カ月以内に家庭裁判所に申述書を提
　　出しなければならない（民法915条、924条、938条）。
2)　適切である（所得税法124条）。
3)　不適切である。民法には、遺産分割協議について特にいつまでに終えなけ
　　ればならないとの定めはない。ただし、相続税の申告が必要なときに、遺
　　産分割協議が所定の申告期限までに調わなければ、未分割の財産を法定相
　　続分で相続したものと仮定して計算した申告をしなければならない。その
　　場合、配偶者の税額軽減や小規模宅地等の特例など各種特例の適用を受け
　　ることができなくなる。
4)　適切である。相続税の申告書は、相続の開始があったことを知った日の翌
　　日から10カ月以内に、被相続人の死亡時の住所地を管轄する税務署長に提
　　出する（相続税法27条 1 項）。　　　　　　　　　　　　　　<u>正解　3)</u>

4－2　法定相続人と法定相続分

《問》顧客Aさんから、「相続対策について検討したいのですが、自分の
法定相続人と各人の法定相続分について教えてください」との依頼
を受けた。この場合の回答として、次のうち最も不適切なものはど
れか。なお、Aさんには、10年前に離婚した前妻Bさんとの間に子
Cさんがおり、現在は後妻Dさんと再婚して、Dさんとの間に子E
さんとFさんがいる。
1）「前妻のB様は、法定相続人にはなりません」
2）「法定相続人は、D様、E様、F様で、その法定相続分は、D様が
2分の1、E様とF様が、それぞれ4分の1となります」
3）「C様は法定相続人であり、その法定相続分は6分の1になります」
4）「A様のご両親は第2順位となりますが、お子様がいますので、相
続人にはなりません」

・解説と解答・

1）適切である。離婚により、前妻Bは、法定相続人には該当しなくなる。
2）不適切である。前妻Bとの間の子であるCも法定相続人であり（民法887
条1項）、C、E、Fの法定相続分は、それぞれ6分の1である（同法900
条1号、4号）。なお、実子、養子、嫡出子、非嫡出子の法定相続分の割
合に差はない。
3）適切である。
4）適切である。配偶者D、子C、E、Fが相続人となる。子がいる場合は両
親（直系尊属）は相続人にはならない（民法889条1項）。

<u>正解　2）</u>

4－3　代襲相続

《問》顧客Aさんから、「夫Bが亡くなり、遺言書が残されていないので
　　すが、私以外に法定相続人に該当するのは誰になりますか」との質
　　問を受けた。この場合の回答として、次のうち最も適切なものはど
　　れか。なお、Aさんの親族関係は、以下のとおりである。

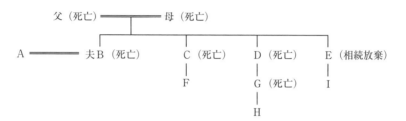

1)「A様以外には、F様、H様、I様が法定相続人となります」
2)「A様以外には、F様、H様が法定相続人となります」
3)「A様以外には、F様が法定相続人となります」
4)「C様、D様が死亡、E様が相続放棄しているため、A様のみ法定
　　相続人となります」

● 解説と解答 ●

1) 不適切である。被相続人が亡くなり、相続が発生するよりも前に相続人が
　死亡している場合などには、その相続人の子や孫が代わりに相続人となる
　が、これを「代襲相続」という（民法887条、889条2項）。ただし、相続
　放棄をしている場合には、代襲相続は認められない。夫Bの兄弟姉妹であ
　るEは、相続放棄をしており、初めから相続人でないとみなされ、Eの子
　であるIは代襲相続人になれない。また、代襲相続は、兄弟姉妹の子
　（甥、姪）まで認められているが、子の代襲の場合とは異なり、甥や姪が
　亡くなっている場合の再代襲相続は認められていないため、Hも相続人に
　なれない。
2) 不適切である。上記1)の解説を参照。
3) 適切である。
4) 不適切である。上記1)の解説を参照。

<u>正解　3)</u>

4－4　相続放棄と限定承認

《問》顧客Ａさんから、「最近亡くなった父親に多額の借金があることが わかったのですが、選択可能な相続の方法について教えてくださ い」との依頼を受けた。この場合の回答として、次のうち最も不適 切なものはどれか。なお、相続人はＡさんのほかに数人いるものと する。

1）「Ａ様は、自己のために相続の開始があったことを知った時から3 カ月以内に、家庭裁判所に相続放棄の申述書を提出すれば、Ａ様だ けで相続放棄はできます。ただし、その場合、お父様の借金は、相 続放棄をしなかったほかの相続人が背負うことになります」

2）「自己のために相続の開始があったことを知った時から3カ月以内 に、家庭裁判所に相続放棄または限定承認の申述書を誰も提出しな かったときは、単純承認したものとみなされ、Ａ様をはじめとする 相続人は、お父様の財産と借金のすべてを相続することになります」

3）「Ａ様は、自己のために相続の開始があったことを知った時から3 カ月以内に家庭裁判所に限定承認の申述書を単独で提出することが できます。その場合、Ａ様は、相続するプラスの財産額の範囲内で 借金を引き継ぐことが可能です」

4）「一般的に限定承認は、多額の相続債務があるものの、ご自宅だけ は相続財産として引き継ぎたいというような場合に利用されます が、相続開始時に時価による譲渡があったものとみなされるので、 お父様の準確定申告で譲渡所得の計算をする必要があります」

・解説と解答・

1）適切である。限定承認と異なり、相続放棄は各相続人が単独で行うことが できる（民法915条1項、938条）。

2）適切である（民法921条2号）。

3）不適切である。限定承認は、相続人の全員が相続の開始があったことを 知った時から3カ月以内に共同で手続をしなければならない（民法923条）。

4）適切である。限定承認を利用する場合には、相続開始時に時価による譲渡 があったものとみなし、被相続人の所得として譲渡所得課税が行われる （所得税法59条1項1号）。　　　　　　　　　　　　　　<u>正解　3）</u>

4－5　遺留分

《問》顧客Ａさんから、「遺留分とはどういうものですか」との質問を受
けた。この場合の回答として、次のうち最も不適切なものはどれか。
1）「お子様のいないご夫婦で、ご主人様が亡くなった場合の相続人が、
　奥様とご主人様のお母様（直系尊属）の場合、奥様が具体的に遺留
　分として相続できる財産は、ご主人様の遺産の３分の１となります」
2）「お子様もご主人様の直系尊属もいない場合、ご主人様にご兄弟が
　いても、遺言書に『遺産はすべて妻に相続させる』とあれば、すべ
　て奥様が相続できます」
3）「遺留分が侵害されている場合、相続財産を多く分配された（侵害
　している）相続人に対して、いつでも遺留分侵害額に相当する金銭
　の支払を請求することができます」
4）「相続財産が１億2,000万円で、相続人が奥様とお子様１人の場合の
　お子様の遺留分は3,000万円となります」

・解説と解答・

1）適切である。法律で定められている一定の相続人が、最低限相続できると
認められた割合の額を遺留分といい、遺留分制度においては、遺留分を有
する相続人（遺留分権利者）を兄弟姉妹以外の相続人と定めたうえで、遺
留分権利者全体における相対的な遺留分割合が法定されている。すなわち
相対的な遺留分割合は、直系尊属のみが相続人の場合は遺留分を算定する
ための財産の価額の３分の１とされ、それ以外の場合は２分の１と定めら
れている（民法1042条）。そのため、相続人が配偶者と被相続人の母（直
系尊属）の場合、各々の遺留分割合は下記のとおりとなる。

$$妻：\frac{1}{2} \times \frac{2}{3} = \frac{1}{3}$$

$$被相続人の母：\frac{1}{2} \times \frac{1}{3} = \frac{1}{6}$$

2）適切である。兄弟姉妹に遺留分は認められていないので、このような遺言
書があれば、夫の遺産はすべて妻に相続される。

3）不適切である。遺留分侵害額の請求権は、遺留分権利者が、相続の開始および遺留分を侵害する贈与や遺贈が行われたことを知った時から1年、または相続開始時から10年経過しても請求権を行使しないときに時効によって消滅する（民法1048条）。

4）適切である。相続人が配偶者と子の場合、各々の遺留分割合は下記のとおりとなり、配偶者と子が相続人の場合の全体の遺留分は2分の1で、それにその場合の子の法定相続分である2分の1を乗じた4分の1が子の遺留分の割合となる。

$$妻：\underset{\text{全体の遺留分}}{\frac{1}{2}} \times \underset{\text{法定相続分}}{\frac{1}{2}} = \underset{\text{遺留分割合}}{\frac{1}{4}}$$

$$子：\underset{\text{全体の遺留分}}{\frac{1}{2}} \times \underset{\text{法定相続分}}{\frac{1}{2}} = \underset{\text{遺留分割合}}{\frac{1}{4}}$$

正解　3）

4-6 寄与分・特別受益

《問》顧客Ａさんから、「相続には寄与分や特別受益というものがあるよ
うですが、どのような制度なのですか」との質問を受けた。この場
合の回答として、次のうち最も不適切なものはどれか。なお、相続
人はＡさんのほかに数人いるものとする。
1)「相続人のなかで、故人（被相続人）の商売を手伝うなど相続財産
の維持や増加に貢献した特定の相続人には、その相続人の法定相続
分に上乗せして相続することを認める制度があり、これを寄与分と
いいます」
2)「Ａ様の奥様が、Ａ様の被相続人に対して献身的な介護をされてい
たときは、例外的に、Ａ様の奥様にも相続分としての寄与分が認め
られます」
3)「相続が発生する前に、故人（被相続人）から生前に贈与を受けて
いた方は、特別に受益を得ていたとみなされて、相続財産のうちの
自己の相続分からその特別受益分を差し引かれることがあります」
4)「生命保険の死亡保険金はよほどの不公平がない限り、特別受益に
はなりません」

● 解説と解答 ●

1) 適切である（民法904条の2第1項）。
2) 不適切である。寄与分が認められるのは相続人のみである（民法904条の
2第1項）。ただし、相続人の配偶者等の貢献を、相続人の貢献として、
当該相続人に寄与分を認めることがある。なお、平成30（2018）年の相続
法改正により、相続人以外の被相続人の親族にも「特別寄与料」の支払請
求権が認められたが（同法1050条1項）、これは相続人に対する金銭の請
求権であり、このような親族が相続人になる（遺産分割協議の当事者にな
る）わけではない。
3) 適切である（民法903条1項）。
4) 適切である。相続人間に著しい不公平感がない限り、生命保険の死亡保険
金は受取人固有の財産として特別受益にはならない（最二小判16.10.29民
集58巻7号1979頁・金法1752号46頁）。

正解 2)

4－7　相続税の計算の流れ①

《問》顧客Aさんから、「相続税の計算について教えてください」との依頼を受けた。この場合の回答として、次のうち最も不適切なものはどれか。なお、相続放棄や相続権を失った者はいないものとする。

1）「相続税の対象となる死亡保険金を相続人が受け取った場合には、相続税の計算上、500万円に法定相続人の数を乗じた非課税限度額の適用があります」

2）「相続が発生した場合、故人（被相続人）の債務やお葬式にかかった費用は、相続税の計算において相続財産から差し引くことができます」

3）「被相続人が生前に購入したお墓の未払代金は、非課税財産に関する債務なので、遺産総額から差し引くことはできません」

4）「相続税の計算においては、遺産に係る基礎控除額という大きな控除額があり、その控除額は、『5,000万円＋1,000万円×法定相続人の数』で計算します」

● 解説と解答 ●

1）適切である（相続税法3条、12条1項5号）。

2）適切である（相続税法13条）。なお、香典返戻費用、法要に要する費用、墓碑および墓地の購入費ならびに墓地の借入料など葬式費用として取り扱われないものは、相続財産から差し引くことはできない。

3）適切である（相続税法13条3項）。

4）不適切である。相続の遺産に係る基礎控除額は、「3,000万円＋600万円×法定相続人の数」で計算する（相続税法15条）。

正解　4）

4 − 8　相続税の計算の流れ②

《問》顧客Aさんから、「相続税の計算について教えてください」との依
頼を受けた。この場合の回答として、次のうち最も不適切なものは
どれか。
1)「相続税の『遺産に係る基礎控除額』を計算する際の法定相続人の
数は、相続人のうちに相続の放棄をした方がいる場合であっても、
その放棄がなかったものとしたときの相続人の数とします」
2)「相続の放棄をした方が受け取った死亡保険金については、死亡保
険金の非課税金額の規定の適用を受けることができません」
3)「相続税の『遺産に係る基礎控除額』の計算上、法定相続人の数に
含める被相続人の養子の数は、被相続人に実子がいる場合、1 人ま
でです」
4)「既に死亡している被相続人の子を代襲して相続人となった被相続
人の孫は、相続税額の 2 割加算の対象者となります」

● 解説と解答 ●

1) 適切である（相続税法15条 2 項）。
2) 適切である。相続人以外が受け取った死亡保険金については、非課税金額
の規定の適用はない（相続税法 3 条。相続を放棄した者は相続人ではなく
なる）。
3) 適切である（相続税法15条 2 項）。なお、実子がいない場合は、養子 2 人
までを含めることができる。
4) 不適切である。孫は 2 割加算の対象になるが、代襲相続人である孫の場合
は対象にならない（相続税法18条）。

正解　4)

4 − 9 相続税の債務控除

《問》顧客Aさんから、「相続した財産に係る相続税の計算上、一定の債務は相続財産から引くことができると聞きましたが、詳しく教えてください」との依頼を受けた。この場合の回答として、次のうち最も不適切なものはどれか。

1)「被相続人が負担すべき事業上の借入金は、遺産総額から差し引くことができます」

2)「被相続人に確定申告をすべき所得がある場合、準確定申告が必要ですが、これにより納付した被相続人に係る所得税額は、遺産総額から差し引くことができます」

3)「被相続人が所有していた不動産に係る固定資産税のうち、相続開始時点で納税義務は生じているが、納付期限が到来していない未払いの金額は、遺産総額から差し引くことができます」

4)「葬式費用は債務ではありませんが、遺産総額から差し引くことができます。差し引くことができる葬式費用には、香典返戻費用や墓地の買入費等も含まれます」

・解説と解答・

1) 適切である（相続税法13条 2 項）。

2) 適切である（相続税法13条）。

3) 適切である（相続税法13条 2 項）。

4) 不適切である。通夜や葬儀、火葬、納骨のためにかかった費用は葬式費用として債務控除の対象になるが、香典返しのためにかかった費用や墓石や墓地の買入れのためにかかった費用は債務控除の対象にならない（相続税法13条 2 項）。

<u>正解 4)</u>

4－10 相続税における財産評価

《問》顧客Ａさんから「相続税の計算において、株式や外貨預金など価格
が変動する財産は、どのようにその価格を見積もって計算するのか
教えてください」との依頼を受けた。この場合の回答として、次の
うち最も不適切なものはどれか。

1）「個人向け国債は、相続開始日の中途換金の額で評価します。中途
換金の額は、額面金額に税引前の経過利子相当額を加算した額から
中途換金調整額を控除して求めます」

2）「外貨預金は、原則として被相続人が外貨預金を預入していた金融
機関が公表する相続開始日における最終の対顧客直物電信買相場に
よって邦貨に換算し、評価します」

3）「上場株式は、相続開始日の終値と、相続開始日の属する月、相続
開始日の属する月の前月、相続開始日の属する月の前々月のそれぞ
れの毎日の終値の月平均額のうち、最も高い額で評価します」

4）「取引相場のあるゴルフ会員権の価額は、原則として相続開始日に
おける取引価格の70％に相当する金額となります」

・解説と解答・

1）適切である（財産評価基本通達197－2）。
2）適切である（財産評価基本通達4－3）。
3）不適切である。相続開始日の終値と、相続開始日の属する月、相続開始日
の属する月の前月、相続開始日の属する月の前々月のそれぞれの毎日の終
値の平均額のうち、最も低い額により評価する（財産評価基本通達169）。
4）適切である（財産評価基本通達211）。

<u>正解　3）</u>

4－11　遺言①

《問》顧客Ａさんから、「遺言の方式は複数あると聞きましたが、それぞれの遺言の長所、短所について教えてください」との依頼を受けた。この場合の回答として、次のうち最も不適切なものはどれか。

1)「自筆証書遺言は、秘密保持ができる、費用がかからないなどの長所がありますが、形式不備により無効となる可能性、紛失・偽造・変造の危険性があることや、原則として家庭裁判所の検認が必要などの短所もあります」

2)「公正証書遺言は、紛失・偽造・変造の危険性がない、形式不備により無効となる心配がないなどの長所がありますが、費用がかかり、作成時に証人が2名以上必要、口がきけない方は利用できないなどの短所もあります」

3)「秘密証書遺言は、秘密保持ができる、偽造・変造の危険性が少ないなどの長所がありますが、形式不備により無効となる可能性があることや、家庭裁判所の検認が必要などの短所もあります」

4)「自筆証書遺言はいつでもどこでも作成できるという長所があります。公正証書遺言は基本的に公証役場に行って作成しますが、公証人にご自宅や病院へ出張して作成してもらうことも可能です」

・解説と解答・

1) 適切である。普通の遺言の作成方式としては、自筆証書遺言、公正証書遺言、秘密証書遺言の3方式がある（民法967条）。そして、公正証書遺言と、後述の「法務局における遺言書の保管等に関する法律（遺言書保管法）」により法務局で保管された自筆証書遺言を除いて、相続の開始後に検認が必要となる（民法1004条1項、2項、遺言書保管法11条）。なお、自筆証書遺言については、平成30（2018）年の改正相続法により、財産目録は手書でなくパソコンでの作成も認められるようになり（民法968条2項）、また法務局での保管制度も設けられ、より使いやすい制度になっている。

2) 不適切である。公正証書遺言は、公証人が遺言者から遺言内容を聞き取って、それを公正証書の形式で書面化することから、形式不備ということが生じることがなく、また公正証書遺言の原本はその遺言を作成した公証役

場に保管されることから、紛失や偽造・変造のおそれもない。ただ、公正証書作成に際しては2名以上の証人の立会いが必要となるうえ（民法969条1号）、その作成には公証人の手数料が必要となる。なお、口のきけない者でも、公証人および証人の面前で、遺言の趣旨を通訳人の通訳によって申述したり、または自書する方法が認められているので、利用は可能である（同法969条の2第1項）。

3）適切である。証書中の加除その他の変更の方式は自筆証書遺言の場合と同じである（民法970条2項、968条3項）。

4）適切である。ただし、公証人は自分が所属する法務局の管轄以外の地域には出張ができない（公証人法17条）。自宅や病院に出張してもらいたい場合には、公証役場に事前に出張可能地域かどうかを確認する必要がある。

<u>正解　2）</u>

4 - 12　遺言②

《問》顧客Aさんから、「遺言でできることについて教えてください」との依頼を受けた。この場合の回答として、次のうち最も不適切なものはどれか。
1)「推定相続人に対し、相続させる個別の財産を指定できるのはもちろん、法定相続分とは異なる相続分を指定することもできます」
2)「自筆証書遺言に係る遺言書を法務局で長期間管理する『遺言書保管制度』を利用すれば、遺言の内容について法務局職員に相談することが可能です」
3)「ある不動産を与えるが、これに係る借入金も承継させる、というように、プラスの財産を負担付きで与えることもできます」
4)「非嫡出子を認知することは、原則的には戸籍法に基づく届出により行いますが、遺言ですることもできます」

・解説と解答・

1)　適切である。遺言者は遺言によって、遺産分割の方法の指定（民法908条）、あるいは特定財産承継遺言の方法（同法1014条）、もしくは特定遺贈（同法964条）等によって個別の財産を特定の相続人に相続させることができ、また、相続分の指定（同法902条）あるいは包括遺贈（同法964条）等によって、法定相続分と異なる相続分を特定の相続人に帰属させることができる。その結果、法定より低い相続分となった相続人の利益は、遺留分の範囲で守られる。
2)　不適切である。遺言書保管制度では、遺言の内容について法務局職員に相談することはできない（遺言書保管法）。
3)　適切である。負担付遺贈も有効である。もっとも、負担付遺贈を受けた者は、遺贈の目的の価額を超えない限度においてのみ負担した義務を履行する責任を負う（民法1002条1項、1003条）。
4)　適切である。遺言可能な事項として民法に規定されている（民法781条2項）。

正解　2)

4-13 遺贈と死因贈与契約

《問》顧客Aさんから、「私も高齢になり、相続について考えるようにな
りました。世話になっている長男の嫁にも財産を残したいと思って
いますが、どうすればよいでしょうか」との質問を受けた。この場
合の回答として、次のうち最も不適切なものはどれか。

1)「遺言により財産を無償譲渡することを遺贈といい、相続人に該当
しない方に対しても遺贈することができますので、ご長男のお嫁さ
んに財産を残したい場合には効果的な方法です」

2)「遺贈を行う場合、遺言書は公正証書遺言で作成しておくとよいで
しょう。公正証書遺言は、公証役場に行き、原則として遺言者が公
証人に口授して、遺言書を作成してもらいます。その際には、未成
年者以外の証人1名が必要になります」

3)「ご長男のお嫁さんと死因贈与契約を交わしておく方法も効果的で
す。遺贈が受遺者の意思に関係なく行われる贈与であるのに対し
て、死因贈与契約は、贈与者の死亡によって契約の効力が発生する
もので、当事者間の事前の合意による契約行為になるため、受贈者
は事前に相続内容を知ることができます」

4)「遺贈でご長男のお嫁さんに財産を残す場合は、A様の相続人にな
るであろう方の遺留分を侵害しないように配慮するとよいでしょう」

●解説と解答●

1) 適切である。遺贈の受遺者（財産を与えられる者）には、推定相続人に該
当しない他人や法人もなることができる（民法964条）。

2) 不適切である。公正証書遺言では、証人が2名必要になる（民法969条1
項1号）。なお、①未成年者、②推定相続人および受遺者ならびにそれら
の配偶者および直系血族等は証人になることはできない（同法974条1
号、2号）。

3) 適切である（民法554条）。死因贈与契約書の書式については、遺贈におけ
る遺言書のように厳格に定められてはいないが、契約を公正証書としたう
えで、受贈者を執行者としておけば、スムーズな贈与手続の執行につながる。

4) 適切である（民法1046条）。

正解　2)

4－14　寄附・遺贈

《問》顧客Ａさんから、「自分が死んだら財産の一部を母校に寄附したい
と思っていますが、遺言で寄附をすることはできますか」との質問
を受けた。この場合の回答として、次のうち最も不適切なものはど
れか。
1 ）「はい。遺言書を作成することで、現金だけでなく、有価証券など
についても寄附をすることができます」
2 ）「はい。財産の一部について、具体的な金額を遺言書に記載して寄
附をすることもできます。これを、包括遺贈といいます」
3 ）「はい。ただし、財産を寄附する場合には、相続人の遺留分に注意
をする必要があります」
4 ）「はい。遺言で財産を寄附することはできますが、寄附先の母校に
あらかじめ連絡をとり、寄附をしたい財産について確認をしておき
ましょう。財産の内容によっては寄附を受け付けてもらえない場合
があります」

・解説と解答・

1 ）適切である（民法964条）。
2 ）不適切である。具体的な財産を記載して特定の者などに遺贈することを、
特定遺贈といい、包括遺贈は、相続財産の１割や半分などと、抽象的な割
合を示して遺贈する方法である（民法964条）。
3 ）適切である（民法1046条）。
4 ）適切である。遺贈はこれを放棄することが可能であり（民法986条１項）、
寄附を受け取る側の都合で、例えば、現金の寄附は受け付けるが不動産の
寄附は受け付けてもらえない場合がありえる。事前に寄附先に確認をとっ
ておくことが遺言で寄附を実現できることにつながる。

正解　2 ）

4-15 宅地・家屋の評価

《問》顧客Aさんから、「貸地や賃貸アパートなどの相続税評価について教えてください」との依頼を受けた。この場合の回答として、次のうち、最も不適切なものはどれか。

1)「借地権の目的となっている土地(貸宅地)の相続税評価額は、『自用地としての価額×(1-借地権割合)』の算式で算出します」
2)「貸家(賃貸アパート)の敷地の用に供されている宅地(貸家建付地)の相続税評価額は、『自用地としての価額×(1-借地権割合×借家権割合×賃貸割合)』の算式で算出します」
3)「貸家(賃貸アパート)の相続税評価額は、『取得価額×(1-借家権割合×賃貸割合)』の算式で算出します」
4)「借地権割合は地域により30~90%の範囲で決められていて、路線価図で確認することができます。借家権割合は一律30%で計算します」

● 解説と解答 ●

1) 適切である(財産評価基本通達27)。
2) 適切である(財産評価基本通達26)。
3) 不適切である。建物は、原則として取得価額ではなく固定資産税評価額をベースに評価する。貸家(賃貸アパート)の相続税評価額は、「固定資産税評価額×(1-借家権割合×賃貸割合)」の算式で算出する(財産評価基本通達89、93)。
4) 適切である。

<u>正解　3)</u>

4－16 不動産の評価方法

《問》顧客Ａさんから、「相続が発生した場合、土地や建物はどのくらい
の評価になるのでしょうか。不動産の評価方法を教えてください」
との依頼を受けた。この場合の回答として、次のうち最も不適切な
ものはどれか。

1）「宅地の評価は、路線価が定められている地域では路線価方式、路
線価が定められていない地域では倍率方式で行われます。路線価方
式における宅地の評価は、路線価をその宅地の形状等に応じて補正
する必要がありますが、倍率方式における宅地の評価は補正の必要
はありません」

2）「自分が住んでいる家屋の評価額は、固定資産税評価額がそのまま
相続税評価額になりますが、他人に賃貸している家屋の評価額は、
その家屋の固定資産税評価額に借家権割合と賃貸割合を乗じた価額
を、その家屋の固定資産税評価額から控除して評価します」

3）「被相続人が住んでいた宅地を被相続人の親族が相続した場合、一
定の要件を満たせば『小規模宅地等についての相続税の課税価格の
計算の特例』の適用を受けることができ、居住用宅地の400㎡まで
の部分について、評価額の80％が減額されます」

4）「宅地の評価単位は、登記簿上の一筆ごとに行うのではなく、一体
で利用されている１画地の宅地ごとに評価します」

・解説と解答・

1）適切である（財産評価基本通達11、13、20）。

2）適切である（財産評価基本通達89、93）。

3）不適切である。一定の親族が「小規模宅地等についての相続税の課税価格
の計算の特例」の適用を受けた場合には、居住用宅地の330㎡（限度面
積）までの評価額が80％減額される（租税特別措置法69条の４）。

4）適切である（財産評価基本通達７－２）。

<u>正解　3）</u>

4 −17　小規模宅地等の評価減の特例

《問》顧客Ａさんから、「『小規模宅地等についての相続税の課税価格の計算の特例』（以下、「本特例」という）について教えてください」との依頼を受けた。この場合の回答として、次のうち最も不適切なものはどれか。

1 ）「相続により、被相続人が居住していた宅地等を同居していた配偶者が取得した場合、本特例の評価減の対象となる面積は330㎡までの部分で、その減額割合は80％です」
2 ）「相続人が相続により取得した宅地が、本特例の特定事業用宅地等に該当する場合、400㎡を限度面積として評価額の80％を減額することができます」
3 ）「相続人が相続により取得した宅地が、本特例の貸付事業用宅地等に該当する場合、200㎡を限度面積として評価額の50％を減額することができます」
4 ）「相続人が相続により取得した宅地が特定事業用宅地等および貸付事業用宅地等に該当する場合、調整計算をすることなくそれぞれの適用対象面積まで本特例の適用を受けることができます」

・解説と解答・

1 ）適切である（租税特別措置法69条の4 ）。
2 ）適切である（租税特別措置法69条の4 ）。
3 ）適切である（租税特別措置法69条の4 ）。
4 ）不適切である。特定事業用宅地等と貸付事業用宅地等に該当する宅地を取得した場合、両者にそれぞれの適用対象面積まで適用を受けることはできない（一定の調整計算が必要である）。特定居住用宅地等と特定事業用宅地等に該当する宅地を取得した場合は、調整計算をすることなく、それぞれの適用対象面積まで適用を受けることができる（租税特別措置法69条の4 ）。

<u>正解　4 ）</u>

4 −18　暦年課税

《問》顧客Ａさんから、「暦年課税を利用して贈与を行いたいのですが、注意すべき点やその特徴について教えてください」との依頼を受けた。この場合の回答として、次のうち最も適切なものはどれか。

1）「暦年課税の場合、贈与する方（贈与者）、贈与される方（受贈者）の続柄や親族関係、年齢などに制限はありません」

2）「暦年課税の場合、受け取る贈与については、贈与者１人につき110万円以内であれば贈与税はかかりません。そのため、例えば同一年内におじい様から100万円、おばあ様から100万円の贈与を受けた場合、贈与税はかかりません」

3）「暦年課税の場合、贈与したことを明確にするため、あえて110万円を超えた贈与をし、贈与税の納付および申告を行えば、必ず暦年課税による贈与が認められます」

4）「暦年課税の場合、贈与を受けた年の１月１日現在で18歳以上の者が受けた贈与であれば、誰から贈与を受けても贈与税の計算は一律です」

・解説と解答・

1）適切である。

2）不適切である。暦年課税による贈与税額は、財産の贈与を受けた受贈者ごとに、贈与を受けた年の１月１日から12月31日までの１年間に贈与を受けた財産の価額を合計する。その合計額から基礎控除110万円を差し引いた金額がマイナスまたはゼロであれば贈与税はかからない。設問の例では「100万円＋100万円−110万円＝90万円」となり、贈与税がかかる。

3）不適切である。贈与したことを明確にする目的で贈与税の納付および申告を行っても、必ず暦年課税による贈与が認められるわけではない。

4）不適切である。暦年課税では贈与を受けた年の１月１日現在で18歳以上の者が直系尊属（父母や祖父母など）から贈与を受けた財産を「特例贈与財産」といい、それ以外の財産（「一般贈与財産」）と区別して贈与税を計算する。

正解　1）

4－19　相続時精算課税①

《問》顧客Aさんから、「祖父母（ともに特定贈与者）の一方または両方から相続時精算課税を利用した贈与を受ける予定ですが、何か注意することはありますか」との質問を受けた。この場合の回答として、次のうち最も不適切なものはどれか。

なお、非上場株式についての贈与税の納税猶予および免除の特例や直系尊属からの贈与を受けた場合の非課税は適用しないこととする。

1)「特定贈与者の一方からの贈与に対して相続時精算課税を一度選択すると、同じ特定贈与者からの贈与については、その選択した年分以降すべてこの制度が適用され、暦年課税へ変更することはできません」

2)「相続時精算課税を利用できる方は、贈与があった年の1月1日において、贈与者が60歳以上父母または祖父母であって、受贈者は推定相続人である18歳以上の子または孫に限られます」

3)「同一年中に祖父母の両方（特定贈与者）から、それぞれ基礎控除額を超える額の贈与を受けたことに対して相続時精算課税を利用した場合、その年分の贈与税について、贈与税の課税価格から基礎控除額をそれぞれ控除できます」

4)「相続時精算課税を選択した場合、特定贈与者一人あたり累計2,500万円に加えて年間基礎控除額までの贈与について贈与税はかかりませんが、それを超える部分は一律20％を乗じた贈与税がかかります」

・解説と解答・

1)　適切である（相続税法21条の9第2項、6項）。
2)　適切である（相続税法21条の9）。
3)　不適切である。同一年中に2人以上の特定贈与者からの贈与により財産を取得した場合の基礎控除額（110万円）は、特定贈与者ごとの贈与税の課税価格で按分することになる。
4)　適切である。相続時精算課税制度は、贈与時にはこの制度に基づいた贈与税額を支払い、相続時にはその贈与財産を合算して計算した相続税額から、既に支払った贈与税の税額に相当する金額を控除する制度である（相続税法21条の11、12、13）。

正解　3)

4－20　相続時精算課税②

《問》顧客Aさんから、「父親Bから相続時精算課税を利用して贈与を受けることを検討しているのですが、何か注意することはありますか」との質問を受けた。この場合の回答として、次のうち最も適切なものはどれか。

1）「相続時精算課税は、B様やA様の年齢や家族関係、贈与額、贈与の回数、贈与の種類などに制限はありませんが、一度選択されると、撤回をすることができませんのでご注意ください」

2）「相続時精算課税を利用して、B様から贈与を受けた場合においても、B様以外の方からの贈与については、暦年課税も選択可能です」

3）「相続時精算課税のご利用にあたっては、贈与を受けた年の翌年2月1日から3月15日までの間に、贈与税の申告書と相続時精算課税選択届出書を、B様の住所地を管轄する税務署（長）に提出する必要があります」

4）「相続時精算課税を利用して不動産の贈与を受けた場合、不動産の登録免許税や不動産取得税は相続での取得と同じ計算になります」

・解説と解答・

1）不適切である。相続時精算課税を利用できる対象者は、原則として贈与者は「贈与をした年の1月1日において60歳以上の父母または祖父母」、受贈者は「贈与を受けた年の1月1日において18歳以上の子である推定相続人または孫」とされている（相続税法21条の11、12、13）。なお、直系尊属から住宅取得等資金の贈与を受けた場合の非課税を適用する場合、贈与者（父母または祖父母）の年齢は問われない。

2）適切である。

3）不適切である。贈与者（父親B）ではなく、受贈者（顧客A）の住所地を管轄する税務署に贈与を受けた年の翌年2月1日から3月15日の間に、贈与税の申告書と相続時精算課税選択届出書を提出する必要がある（相続税法21条の9第2項）。

4）不適切である。不動産を相続した場合には、不動産取得税は非課税で登録免許税のみかかる。しかし、相続時精算課税を利用して不動産を取得した場合は、不動産取得税と登録免許税の両方がかかる。　　　　　**正解　2）**

4 −21 贈与税の課税財産

《問》顧客Aさんから、「贈与税は、現金などを実際に贈与した場合以外
にもかかるケースがあると聞きました。どのような場合に贈与税が
かかるのか教えてください」との依頼を受けた。この場合の回答と
して、次のうち最も不適切なものはどれか。
1）「子が親から無利子で金銭の借入れをした場合、子が親から通常の
利子相当額の贈与を受けたものとして、贈与税の課税対象となるこ
とがあります」
2）「親がその所有する土地の名義を無償で子の名義に変更した場合、
原則として子が親からその土地を贈与により取得したものとして、
贈与税の課税対象となります」
3）「子が親の所有する土地を無償で借り受け、その土地の上に建物を
建築した場合、親から子へ借地権相当額の贈与があったものとして
贈与税の課税対象となります」
4）「子が第三者に対して負っていた債務を親が代わって弁済した場合、
子は親から債務弁済が行われたときにその債務弁済に係る金額を親
から贈与により取得したものとして贈与税の課税対象となることが
あります」

・解説と解答・

1）適切である。
2）適切である。
3）不適切である。無償で借り受けた場合は、借地権が発生しないものとさ
れ、贈与税の課税対象にならない。
4）適切である。

<u>正解　3）</u>

4−22　贈与税の配偶者控除

《問》顧客Ａさんから、「自宅を妻Ｂに贈与した場合、税負担が少なくなる配偶者控除の特例があると聞きました。どのような特例か教えてください」との依頼を受けた。この場合の回答として、次のうち最も適切なものはどれか。

1）「贈与税の配偶者控除の特例とは、ご自宅またはご自宅を取得するための資金を配偶者に贈与する場合、一定の要件を満たせば、贈与税の基礎控除額110万円のほかに最高2,000万円までを控除することができる制度です」
2）「贈与税の配偶者控除の特例の適用を受けるためには、贈与があった日においてＢ様との婚姻期間が30年以上あることが必要です」
3）「贈与税の配偶者控除の特例の適用を受けるためには、Ｂ様が贈与を受けた居住用不動産に、贈与を受けた年の12月31日までに居住し、その後も引き続き居住する見込みであることが必要です」
4）「贈与税の配偶者控除の特例の適用を受けることにより納付すべき贈与税額が算出されない場合は、贈与税の申告書を提出する必要はありません」

・解説と解答・

1）適切である（相続税法21条の6）。
2）不適切である。贈与税の配偶者控除の特例では、婚姻期間が20年以上であることが適用要件の1つである（相続税法21条の6）。
3）不適切である。贈与税の配偶者控除の特例の適用を受けるためには、贈与を受けた年の翌年の3月15日までに、贈与を受けた居住用不動産に贈与を受けた者が現実に住んでおり、その後も引き続き住む見込みであることが必要である（相続税法21条の6）。
4）不適切である。贈与税の配偶者控除の特例の適用を受ける場合は、贈与税額がゼロになる場合でも、必ず贈与税の申告書を提出する必要がある（相続税法21条の6第2項）。

<u>正解　1）</u>

4－23　直系尊属から住宅取得等資金の贈与を受けた場合の非課税

《問》顧客Ａさんから、「息子や孫に住宅取得資金を非課税で贈与できる特例があるそうですが、どのような制度ですか」との質問を受けた。この場合の回答として、次のうち最も不適切なものはどれか。

1）「所定の要件を満たした場合に、住宅取得に係る資金を一定額まで非課税にて贈与できる制度で、2026年12月31日までの贈与について有効となります」
2）「ご子息に既にお住まいの住宅があっても、そのご子息の住宅ローン支払のための資金贈与であれば、本制度の対象となります」
3）「本制度を利用する場合、贈与を受ける方は、贈与を受けた年の1月1日において18歳以上で、贈与を受けたその年の合計所得金額が2,000万円以下でなければなりません」
4）「非課税になる住宅取得等資金の限度額が決まっており、省エネ等住宅とそれ以外の住宅用家屋では非課税限度額が異なっています」

・解説と解答・

1）適切である（租税特別措置法70条の2）。
2）不適切である。住宅取得等資金贈与の特例でいう、住宅取得等資金とは、贈与を受けた子や孫など（受贈者）が、自分が住むための家屋の新築もしくは取得またはその増改築等の対価に充てるための資金をいい、住宅ローン支払のための資金贈与は本制度の対象外となる（租税特別措置法70条の2第2項）。
3）適切である。なお、この特例と併せて、相続時精算課税制度の適用を受けることができる。
4）適切である。

正解　2）

4 －24　教育資金の一括贈与非課税措置

《問》顧客Ａさんから、「『直系尊属から教育資金の一括贈与を受けた場合
　の贈与税の非課税』（以下、「本特例」という）について教えてくだ
　さい」との依頼を受けた。この場合の回答として、次のうち最も不
　適切なものはどれか。
1）「本特例における非課税拠出額の限度額は、受贈者１人につき1,500
　　万円です」
2）「本特例の適用受けるにあたって受贈者の所得制限はありません」
3）「2021年４月１日以後に本特例の適用を受けた場合において、贈与
　　者が死亡して相続が開始し、本特例に係る専用口座に残額がある場
　　合、受贈者が23歳未満である場合などを除き、その残額は相続税の
　　課税対象になります」
4）「父からの住宅取得資金の贈与について『直系尊属から住宅取得等
　　資金の贈与を受けた場合の贈与税の非課税』の適用を受けた場合で
　　あっても、父からの子育て資金の贈与について本特例の適用を併用
　　して受けることができます」

・解説と解答・

1）適切である（租税特別措置法70条の２の２）。
2）不適切である。教育資金の信託等を設定する年の前年の合計所得金額が
　　1,000万円を超える受贈者は、本制度の適用を受けることはできない。
3）適切である。2021年度税制改正により、2021年４月１日以後に本特例の適
　　用を受ける場合には、贈与から３年以内かどうかにかかわらず課税対象に
　　なることとされた（租税特別措置法70条の２の２第12項、13項）。
4）適切である。なお、本特例と「直系尊属から結婚・子育て資金の一括贈与
　　を受けた場合の贈与税の非課税」も、併用して適用を受けることができ
　　る。

正解　2）

4 − 25　結婚・子育て資金の一括贈与非課税措置

《問》顧客Ａさんから、「『直系尊属から結婚・子育て資金の一括贈与を受けた場合の贈与税の非課税』（以下、「本特例」という）について教えてください」との依頼を受けた。この場合の回答として、次のうち最も不適切なものはどれか。

1 ）「本特例の適用を受けるためには、本特例に係る信託等を設定する年の前年の受贈者の合計所得金額が1,000万円以下であることが必要です」
2 ）「本特例の適用を受けた後、贈与者が死亡して相続が開始し、本特例に係る専用口座に残額がある場合、その残額は相続税の課税対象になります」
3 ）「本特例の適用を受けるためには、結婚・子育て資金管理契約を締結する日において受贈者の年齢が18歳以上50歳未満でなければなりません」
4 ）「本特例における非課税拠出額の限度額は、受贈者１人につき1,500万円であり、そのうち結婚費用の上限は300万円です」

● 解説と解答 ●

1 ）適切である（租税特別措置法70条の２の３）。
2 ）適切である（租税特別措置法70条の２の３第12項）。
3 ）適切である（租税特別措置法70条の２の３第13項）。
4 ）不適切である。限度額は、受贈者１人につき1,000万円である（そのうち結婚費用の上限は300万円である。租税特別措置法70条の２の３第１項、12項）。

<u>正解　4 ）</u>

4-26　生命保険での相続対策

《問》顧客Aさんから、「相続対策として生命保険の活用を考えています。注意点を教えてください」との依頼を受けた。この場合の回答として、次のうち最も適切なものはどれか。

1）「生命保険は、受取人に指定された方の固有の財産なので、原則として遺産分割協議の対象外とされています。ただし、受取人に指定された方が、相続放棄をした場合は、死亡保険金を受け取ることができません」

2）「生命保険の死亡保険金には、相続税の非課税枠があります。非課税枠は、『500万円×法定相続人の数』の金額になります。相続放棄をした方は、この法定相続人の数から除外されるので注意が必要です」

3）「主な相続財産がご自宅のみの場合、ご自宅を相続した相続人が他の相続人との相続分のバランスをとるために、自分が受け取った死亡保険金を代償金として他の相続人に支払うことができます。この遺産分割方法を使う場合は、遺産分割協議書にその内容を記載しておくことが必要です」

4）「生命保険の死亡保険金は、民法上、被相続人の相続財産に含まれます」

・解説と解答・

1）不適切である。相続は民法上の規定である一方、死亡保険金は契約に基づく受取人固有の財産として取り扱われるため、死亡保険金受取人が相続放棄をしても、生命保険からの死亡保険金を受け取ることはできる。

2）不適切である。生命保険の非課税限度額を算出する場合の基礎となる「法定相続人の数」は、相続人の中に相続の放棄をした者がいても、その放棄がなかったものとしたときの相続人の数をいう（相続税法15条2項）。

3）適切である。代償分割は、いわゆる「争族」を避ける方法の1つである。

4）不適切である。生命保険は、民法では相続財産に当たらないが、相続税法ではみなし相続財産として課税の対象とされる。

正解　3）

第5章

税金と節税対策に関する相談

5－1　退職金と税金

《問》顧客Ａさんから、「定年退職時にもらえる退職一時金には、どのく
らい税金がかかりますか」との質問を受けた。この場合の回答とし
て、次のうち最も不適切なものはどれか。なお、「退職所得の受給
に関する申告書」は提出済みであるものとする。

1)「退職一時金として受け取った所得を退職所得といいます。退職所
得には、退職所得控除額が設定されているため、その控除額が退職
一時金の額よりも多い場合には税金はかかりません」
2)「一般に、勤続年数にかかわらず、退職一時金の額が2,000万円以下
の場合、税金はかかりません」
3)「例えば勤続35年０カ月の方が退職された場合、その方の所得税に
おける退職所得控除額は、1,850万円となります」
4)「退職所得控除額を計算する際に、勤続年数に１年未満の端数が生
じたときは、これを１年として計算します」

・解説と解答・

1)　適切である。なお、退職金を年金（分割）で受け取る場合は雑所得として
課税される。
2)　不適切である。退職所得の金額は、原則として「（収入金額－退職所得控
除額）×１/２」で計算される。退職所得控除額は、勤続年数が20年以下
の場合は「40万円×勤続年数（※合計が80万円に満たない場合は80万円)」
で、勤続年数が20年超の場合は「800万円＋70万円×（勤続年数－20年)」
で計算される。したがって、勤続年数に応じて退職所得控除額は変わり、
それに応じて税金のかからない金額部分も変わる。
3)　適切である。勤続35年０カ月の者の場合の退職所得控除額は、「800万円
＋70万円×（35年－20年)」で求められ、1,850万円となる。
4)　適切である。例えば、勤続年数19年１カ月の者の退職所得控除額を算出す
る際の勤続年数は20年として計算する。

正解　2)

5-2　退職金の受取りと手続

《問》顧客Aさんから、「30年勤務した会社を定年退職して退職一時金を受け取りましたが、確定申告は必要ですか」との質問を受けた。この場合の回答として、次のうち最も不適切なものはどれか。
1）「『退職所得の受給に関する申告書』を提出された場合は、原則として確定申告をする必要はありません」
2）「『退職所得の受給に関する申告書』を提出されていない場合は、支給額に対して10.21％の所得税（復興特別所得税を含む）が源泉徴収されているため、確定申告をすることで差額が精算されます」
3）「『退職所得の受給に関する申告書』を提出された方であっても、他の所得から控除しきれなかった所得控除がある場合には、確定申告をすることで源泉徴収税額の一部が戻ってくる（還付される）ことがあります」
4）「『退職所得の受給に関する申告書』を提出した場合は、退職金額から退職所得控除額を差し引いた額の2分の1に対して所得税（復興特別所得税を含む）が源泉徴収されて支給されます」

・解説と解答・

1）適切である。「退職所得の受給に関する申告書」を提出した場合には、退職所得金額「（収入金額―退職所得控除額）×1/2」に対して超過累進税率を乗じて計算した、ほぼ正確な所得税（復興特別所得税を含む）および住民税が源泉徴収等され、原則として確定申告は不要である。ただし、この計算において所得控除は考慮されていないため、他の所得から控除しきれない所得控除がある場合には、確定申告をすることにより、源泉徴収税額の還付を受けることができる（選択肢3のケース）。
2）不適切である。「退職所得の受給に関する申告書」を提出していない場合は、退職所得控除前の収入金額に対して一律20.42％の所得税（復興特別所得税を含む）が源泉徴収されているため、確定申告をすることによってその差額が精算される。
3）適切である。
4）適切である。退職金額より退職所得控除額が多いときは所得税（復興特別所得税を含む）はかからない。

正解　2）

5-3　退職と住民税

《問》顧客Aさんから、「定年退職後の住民税の支払について、注意する
　　ことはありますか」との質問を受けた。この場合の回答として、次
　　のうち最も不適切なものはどれか。

1）「個人住民税は、前年度（4月1日～翌3月31日）の所得に対して
　　かかります。したがって、定年退職後に働かれていなくても、住民
　　税の納税義務が発生しますのでご注意ください」
2）「住民税が天引きされている給与所得者や年金受給者以外は、市町
　　村（特別区を含む）から送られてくる納税通知書で住民税を納める
　　ことになります」
3）「会社に勤める方が、1月から4月の間に定年退職された場合、天
　　引きにて徴収できなくなる残りの住民税額は、原則として最後の給
　　与または退職金から一括徴収されます」
4）「退職月が6月から12月のときは、住民税の残りの額を一括徴収に
　　するか、普通徴収に切り替えて支払っていくかを選択することにな
　　ります」

・解説と解答・

1）不適切である。個人住民税の所得割は、課税する年の1月1日の住所地に
　　おいて前年（1月1日から12月31日まで）の所得（前年度ではない）に応
　　じて課税される。そのほか、均等割などもある。
2）適切である。給与所得者および年金受給者の場合は、原則として住民税は
　　天引き（特別徴収）される。
3）適切である。
4）適切である。退職する月により納付方法が異なる。

正解　1）

5－4　給与所得者の源泉徴収と年末調整

《問》顧客Aさんから、「今年5月に定年退職しましたが、確定申告は必要ですか」との質問を受けた。この場合の回答として、次のうち最も不適切なものはどれか。

1）「定年退職後に再就職されるか否かにかかわらず、その年の給与所得と退職所得以外の所得金額の合計が10万円を超えるときには、確定申告が必要です」

2）「年の途中で定年退職され、その年内に再就職された場合は、通常、再就職先で前の勤務先分の給与も含めて年末調整されますので、確定申告の必要はありません」

3）「納め過ぎた所得税の返還を求める場合に必要となります。この確定申告を還付申告といいます。還付申告書は、その申告の対象となる年の翌年1月1日から5年間提出することができます」

4）「5月までに天引きされた所得税は、通年で働き続けることを前提とした概算見込額なので、年の途中で退職して再就職しなかった場合は、通常、多く納めすぎています。そのため、納めすぎた税金がある場合は、確定申告をすることで、その税金が還付されます」

・解説と解答・

1）不適切である。その年の給与所得と退職所得以外の所得金額の合計が20万円を超える場合に、確定申告書の提出義務が生じる。

2）適切である。

3）適切である。

4）適切である。6月以降は所得がなくなるため、見込みで計算された税額では多く納めすぎていることが通常である。また、年末調整を受けていないため、確定申告をすることで源泉徴収された所得税（復興特別所得税を含む）の還付を受けることができる。

<u>正解　1）</u>

5－5　給与所得者の確定申告

《問》顧客Ａさんから、「会社員（給与所得者）で確定申告が必要になる
のはどのような場合ですか」との質問を受けた。この場合の回答と
して、次のうち最も不適切なものはどれか。
1 ）「2カ所以上の会社等から給与を受け取っているような場合です」
2 ）「給与所得以外に家賃収入があり、必要経費を差し引いた不動産所
得の金額が20万円を超えているような場合です」
3 ）「その年の給与収入が1,500万円を超えているような場合です」
4 ）「同族会社の役員や親族等で、その法人からの給与のほかに、貸付
金の利子、店舗・工場等の賃貸料、機械・器具等の使用料の支払を
受けている場合です」

・解説と解答・

1 ）適切である。
2 ）適切である。
3 ）不適切である。【給与所得者の確定申告】を参照。
4 ）適切である。

【給与所得者の確定申告】
　次のいずれかに該当する場合は、給与所得者でも確定申告が必要にな
る。
・給与等の収入金額が2,000万円を超える者
・給与所得および退職所得以外の所得金額が20万円を超える者
・2カ所以上から給与の支払を受けている者
・同族会社の役員や親族で、当該同族会社から給与のほかに貸付金の利子
や不動産の使用料の支払を受けている者
・雑損控除、医療費控除、寄附金控除の適用を受ける場合
・住宅借入金等特別控除の適用を受ける最初の年（2年目以降は年末調整
で適用を受けられる）

正解　3 ）

5－6　年金受給者の確定申告

《問》顧客Ａさんから、「今年から公的年金の支給が始まりました。確定
　　申告はどうなるのか教えてください」との依頼を受けた。この場合
　　の回答として、次のうち最も適切なものはどれか。
1)「その年中の老齢基礎年金や老齢厚生年金などの公的年金等の収入
　　が500万円以下で、それ以外の所得が10万円以下の場合は、原則と
　　して申告不要です」
2)「公的年金等は、原則として年間の所得見込額に対する所得税が年
　　金支給額から源泉徴収されます。したがって、確定申告の必要はな
　　くても、確定申告を行うことによって、所得税の還付を受けられる
　　ことがあります」
3)「公的年金等に係る雑所得の計算においては、その他の雑所得と異
　　なり、収入金額から公的年金等控除額を控除することができます。
　　公的年金等控除額は、受給者の年齢が70歳以上の方と70歳未満の方
　　で、算出方法が異なります」
4)「公的年金等はすべて所得税の課税対象となります。したがって、
　　所得税が源泉徴収されます」

・解説と解答・

1) 不適切である。老齢年金などの公的年金等の収入が400万円以下でその公
　　的年金等の全部が源泉徴収の対象となっている場合において年金以外の所
　　得が20万円以下の者は、原則として確定申告は不要である。
2) 適切である。生命保険料控除、医療費控除等の適用により還付を受ける者
　　は確定申告が必要である。
3) 不適切である。公的年金等控除額は、受給者の年齢が65歳以上の者と65歳
　　未満の者で算出方法が異なる。
4) 不適切である。老齢年金、厚生年金基金、確定拠出年金などは所得税の課
　　税対象となり、遺族・障害年金は非課税となる。また、課税対象となるも
　　のであっても、一定額以下の場合は源泉徴収されない。

正解　2)

5－7　公的年金の税金

《問》顧客Aさんから、「公的年金の収入金額に係る税金について教えて
ください」との依頼を受けた。この場合の回答として、次のうち最
も不適切なものはどれか。
1)「公的年金のうち、老齢給付については雑所得として課税の対象と
なりますが、障害給付と遺族給付については非課税です」
2)「公的年金等に係る雑所得の金額は、公的年金等の収入金額から公
的年金等控除額を差し引いて計算します」
3)「公的年金等控除の対象となる公的年金等の範囲には、確定拠出年
金制度に基づく年金支払の老齢給付や厚生年金基金に基づく退職年
金も含まれます」
4)「公的年金等控除額は、受給者の年齢および年金支給額に応じて異
なりますが、年齢については受給した年の1月1日現在で判定しま
す」

・解説と解答・

1)　適切である。
2)　適切である。
3)　適切である。公的年金等には、老齢厚生年金、老齢基礎年金のほか、国民
年金基金、厚生年金基金、確定給付企業年金、確定拠出年金、小規模企業
共済、中小企業退職金共済などから受け取る年金が含まれる。
4)　不適切である。公的年金等控除額は65歳未満と65歳以上で異なるが、この
年齢は受給した年の12月31日現在で判定する。

正解　4)

5-8　医療費控除①

《問》顧客Aさんから、「医療費控除の基本的な仕組みや控除額について
教えてください」との依頼を受けた。この場合の回答として、次の
うち最も不適切なものはどれか。なお、特定一般用医薬品等購入費
を支払った場合の医療費控除の特例は考慮しないものとする。

1）「医療費控除とは、本人だけでなく、その方と生計を同じくする配
偶者や親族のために、一定額以上の医療費を支払った場合に認めら
れる所得控除です。適用を受けるためには、確定申告が必要です」

2）「医療費控除を受ける場合の控除額の上限は200万円です」

3）「医療費控除の対象には、医師による診療費や治療費、風邪薬代や
入院費などがあります。ただし、人間ドックの費用については、す
べて対象外となります」

4）「控除される医療費は、保険金などで補てんされた金額を除いた年
間支払医療費から、10万円またはその年の総所得金額等の5％相当
額のいずれか低い金額を控除した金額です」

・解説と解答・

1）適切である。

2）適切である。

3）不適切である。人間ドックについては基本的に対象外であるが、重大な疾
病が発見され、引き続き治療を受けた場合には対象となる。

4）適切である。なお、本人とその者と生計を同じくする配偶者や親族のた
め、健康の維持増進および疾病の予防への取組みとして一定の健康診査や
予防接種などを行っているときには、その年中の特定一般用医薬品等購入
費の合計額のうち12,000円を超える部分の金額（上限88,000円）が控除さ
れるセルフメディケーション税制（特定一般用医薬品等購入費を支払った
場合の医療費控除の特例）がある。なお、本特例の適用を受ける場合は、
通常の医療費控除との選択適用になる。

正解　3）

5－9　医療費控除②

《問》顧客Aさんから、「医療費控除について教えてください」との依頼
を受けた。この場合の回答として、次のうち最も不適切なものはど
れか。
1）「医師等による診療等を受けるために電車、バス等の公共交通機関
を利用した場合に支払った通院費で通常必要なものは、医療費控除
の対象になります」
2）「医療費控除の対象となる医療費は、原則としてその年中に実際に
支払った金額が対象となり、年末の時点で未払いの金額はその年分
の医療費控除の対象にはなりません」
3）「風邪の治療のための一般的な医薬品の購入費は、医師の処方がな
くても、医療費控除の対象となります」
4）「医療費控除は、給与所得者であれば、確定申告することなく年末
調整により適用を受けることができます」

・解説と解答・

1）適切である。なお、自家用車で通院した場合のガソリン代や駐車場代は対
象にならない。
2）適切である。年末時点で未払いの医療費は、実際に支払った年分の医療費
控除の対象になる。
3）適切である。
4）不適切である。年末調整では医療費控除は加味されず、適用を受けるため
には確定申告をすることが必要である。

正解　4）

5−10　自宅の売却と税金

《問》顧客Aさんから、「自宅を売却するときの税金や費用について教えてください」との依頼を受けた。この場合の回答として、次のうち最も不適切なものはどれか。

1）「ご自宅の購入時の代金（取得費）が不明な場合には、売却価格の10％に相当する額を、概算取得費とすることができます」
2）「ご自宅を売却した年の1月1日時点において、その不動産の所有期間が5年を超えている場合には、売却時にかかる税率は原則として20.315％（所得税、復興特別所得税、住民税）になります」
3）「税金計算上、ご自宅の売却に係る費用には、売却に際して支払われる登記費用や仲介手数料なども含まれます」
4）「税金計算上、取得費には、設備に要した費用や取得後に加えた改良費用も含まれます」

・解説と解答・

1）不適切である。概算取得費は、譲渡価額（売却価格）の5％相当額である。
2）適切である。所有期間が5年を超えていると長期譲渡所得となり、その場合の税率は、原則として所得税15.315％（復興特別所得税を含む）、住民税5％の合計20.315％である。
3）適切である。このほか、印紙代、測量費、売却に際してその土地の上にある建物を取り壊した場合の取壊し費用なども該当する。
4）適切である。このほか、購入のための仲介手数料、印紙代、登録免許税、登記費用、不動産取得税なども該当する。

正解　1）

5－11　居住用財産を譲渡した場合の長期譲渡所得の課税の特例

《問》顧客Ａさんから、「居住用財産を譲渡した場合の長期譲渡所得の課
　　税の特例（以下、「軽減税率の特例」という）について教えてくだ
　　さい」との依頼を受けた。この場合の回答として、次のうち最も不
　　適切なものはどれか。
　1）「Ａ様がご自宅を売却する場合に軽減税率の特例を受けるための適
　　　用要件の１つとして、売却する年の１月１日において所有期間が10
　　　年を超える居住用財産であることが必要です」
　2）「軽減税率の特例の適用が受けられる場合、課税長期譲渡所得金額
　　　の6,000万円以下の部分については、6,000万円を超える部分よりも
　　　低い税率が適用されます」
　3）「軽減税率の特例は、『居住用財産を譲渡した場合の3,000万円の特
　　　別控除の特例』との選択適用になるので、Ａ様にとって税金面で有
　　　利になるほうを選択してください」
　4）「譲渡先がご自身の配偶者、一定の親族などである場合には軽減税
　　　率の特例の適用が受けられません」

●解説と解答●

1）適切である。建物等とともにその敷地である土地を譲渡した場合は、その
　　双方の所有期間が10年を超しているものでなければならない。
2）適切である。6,000万円以下の部分は「課税長期譲渡所得金額×14.21％」、
　　6,000万円超の部分は「課税長期譲渡所得金額×20.315％」となっている。
3）不適切である。原則として「居住用財産を譲渡した場合の3,000万円の特
　　別控除の特例」と軽減税率の特例との併用適用は可能である。
4）適切である。

正解　3）

5－12　居住用財産を譲渡した場合の特例

《問》顧客Ａさんから、「自宅を売却する際に税金が安くなる制度がある
　と聞いたのですが、どのような制度なのですか」との質問を受け
　た。この場合の回答として、次のうち最も適切なものはどれか。
　1）「ご自宅を売却された場合には、一定の要件を満たせば、所有期間
　　の長短にかかわらず、その税額の計算において3,000万円の特別控
　　除の適用を受けることができます」
　2）「売却された年の1月1日時点において、ご自宅の所有期間が5年
　　を超える場合には、軽減税率の適用を受けることができます」
　3）「ご夫婦の共有名義になっているご自宅を売却された場合には、ご
　　夫婦のどちらかに限り、その税額の計算において3,000万円の特別
　　控除の適用を受けることができます」
　4）「居住用財産を譲渡した場合の長期譲渡所得の課税の特例（軽減税
　　率の特例）と居住用財産を譲渡した場合の3,000万円の特別控除の
　　特例は、併用適用できないため、どちらかを選択して適用すること
　　になります」

・解説と解答・

1）適切である。居住用財産を売却したときは、一定の要件を満たせば、所有
　期間に関係なく、いわゆる「居住用財産を譲渡した場合の3,000万円の特
　別控除の特例（以下、「3,000万円控除」という）」の適用を受けることが
　できる。
2）不適切である。いわゆる「居住用財産を譲渡した場合の長期譲渡所得の課
　税の特例（以下、「軽減税率の特例」という）」は、売却した年の1月1日
　時点で、自宅の所有期間が10年を超えているときに、その適用を受けるこ
　とができる。
3）不適切である。売却の際は、建物が夫婦共有名義の場合には、それぞれで
　3,000万円控除の適用を受けることができるため、合計で最大6,000万円の
　控除が可能になる。
4）不適切である。「軽減税率の特例」と「3,000万円控除」は併用適用が可能
　である。

正解　1）

5−13　青色申告①

《問》顧客Ａさんから、「個人事業を始めようと思っていますが、青色申告をするとどのようなメリットがあるのですか」との質問を受けた。この場合の回答として、次のうち最も不適切なものはどれか。

1)「青色申告をされた場合、青色申告特別控除として、その年の所得から最高65万円を差し引くことができます」
2)「青色申告をされた場合に、事業所得が赤字で、その年のほかの所得と損益通算をしてもしきれない金額（純損失の金額）があるときには、その損失額を翌年以後原則として3年間にわたり繰り越して、各年分の所得金額から控除することができます」
3)「青色申告をされた場合、事業専従者控除として、その年の事業収入から事業専従者1人当たり一律50万円を必要経費に算入することができます」
4)「青色申告をされた場合、純損失について前年分の所得に対する税額から還付を受けることができます」

・解説と解答・

1)　適切である。青色申告特別控除の控除額は原則として10万円であるが、事業所得または事業的規模の不動産所得がある場合、期限内の申告書提出、正規の簿記に基づいて記帳した貸借対照表と損益計算書の添付の要件を満たすと控除額が55万円に増額し、さらに電子申告または電磁的記録による帳簿の保存等のいずれかを行った場合には、最高65万円を控除できる。
2)　適切である。純損失の繰越控除という。なお、特定被災事業用資産の損失については、最長5年間の繰越控除が認められる。
3)　不適切である。税務署に「青色事業専従者給与に関する届出書」を提出しておくことにより、届出書に記載した金額の範囲内で、その労務の対価として相当であると認められる金額の給与を生計を一にしている配偶者その他の親族に支給した場合、それを必要経費とすることができる。なお、事業専従者控除は、白色申告者に適用可能な制度である。
4)　適切である。純損失の繰戻還付という。

正解　3)

5－14　青色申告②

《問》顧客Aさんから、「青色申告について教えてください」との依頼を
受けた。この場合の回答として、次のうち最も不適切なものはどれ
か。
1）「不動産所得、事業所得または山林所得を生ずべき業務を行う方は、
納税地の所轄税務署長の承認を受けて、青色申告書を提出すること
ができます」
2）「事業所得者の場合、確定申告書を申告期限内に提出する等の所定
の要件を満たせば、事業所得の金額の計算上、青色申告特別控除と
して最高65万円を控除することができます」
3）「青色申告者は、総勘定元帳その他一定の帳簿を起算日から原則7
年間、住所地もしくは居所地または事業所等に保存しなければなり
ません」
4）「1月16日以後新たに業務を開始した方が、その年分から青色申告
の適用を受けようとする場合には、その業務を開始した日から6カ
月以内に、『青色申告承認申請書』を納税地の所轄税務署長に提出
し、その承認を受けなければなりません」

・解説と解答・

1）適切である。
2）適切である。青色申告特別控除の控除額は原則として10万円であるが、事
業所得または事業的規模の不動産所得がある場合、期限内の申告書提出、
正規の簿記に基づいて記帳した貸借対照表と損益計算書の添付の要件を満
たすと控除額が55万円に増額し、さらに電子申告または電磁的記録による
帳簿の保存等のいずれかを行った場合には、最高65万円を控除できる。
3）適切である。
4）不適切である。「青色申告承認申請書」は、業務開始日から原則として2
カ月以内に提出する必要がある。なお、既に業務を行っている場合は、青
色申告を受けようとする年の3月15日までに提出する必要がある。

正解　4）

5-15 法人設立のメリット・デメリット

《問》顧客Aさんから、「個人でアパートを所有していますが、家族を役員とする不動産管理会社（法人）の設立を検討しています。設立に際して留意することはありますか」との質問を受けた。この場合の回答として、次のうち最も不適切なものはどれか。

1）「会社設立に伴って設立の費用が発生し、税務申告も煩雑となります」

2）「法人の場合、その法人に使用される者（適用除外には該当しない）が1人でもいると、厚生年金保険や健康保険などの社会保険への加入義務が生じます」

3）「法人の場合、赤字になったときは、法人住民税（均等割）は課税されません」

4）「法人の場合、支出した交際費の全額を損金算入できないことがあります」

・解説と解答・

1）適切である。

2）適切である。

3）不適切である。赤字法人であっても、法人住民税（均等割）の納税が必要になる。

4）適切である。ただし、資本金等が1億円超100億円以下の法人について、交際費等の額のうち飲食費（社内接待費を除く）の額の50％を損金の額に算入できる措置が設けられている。また、資本金等が1億円以下の法人については、年800万円以下の支出交際費を全額損金算入でき、800万円を超える部分の支出交際費を全額損金不算入とする定額控除の措置と、上記飲食費の50％損金算入措置を、選択適用することが可能である。

正解　3）

5－16　土地活用による節税対策

《問》顧客Ａさんから、「相続対策として、保有する更地（空き地）にアパートを建てるとメリットがあると聞きましたが、どういうことですか」との質問を受けた。この場合の回答として、次のうち最も適切なものはどれか。
1）「Ａ様が、所有する敷地に貸家（アパート）を建てると、土地は貸家建付地として、更地のときよりも低く評価されますので、相続財産の評価額を引き下げることができます」
2）「万一Ａ様に相続が発生し、相続人が『小規模宅地等についての相続税の課税価格の計算の特例』の適用を受けられた際には、アパートの敷地は居住用の宅地に該当することになるため、330㎡までの部分につき80％減額が受けられます」
3）「アパートの建物については、実際にかかった建築費の９割程度で評価され、さらに賃貸部分は固定資産税評価額の７割程度で評価されるので、相続財産の評価額を引き下げることができます」
4）「アパートの建物の相続税評価額は、ご自宅で使う建物と比較して評価が高くなりますが、その理由は人に貸しているために賃料収入があり収益性が高いからです」

・解説と解答・

1）適切である。
2）不適切である。「小規模宅地等についての相続税の課税価格の計算の特例」においてアパートの敷地は、特定居住用宅地ではなく貸付事業用宅地として扱われる。貸付事業用宅地の場合、適用限度面積は200㎡、減額割合は50％である。
3）不適切である。建物については、通常、実際にかかった建築費の６〜７割程度が固定資産税評価額となる。
4）不適切である。アパートの建物の相続税評価額は、満室の場合には自宅と比較して３割低くなる。その理由は、人に貸しているので自由に処分できないため、価値が低いと考えられるからである。

正解　1）

2024年度　金融業務能力検定

等級	試験種目		受験予約開始日	配信開始日（通年実施）	受験手数料（税込）
IV	金融業務4級 実務コース		受付中	配信中	4,400 円
III	金融業務3級 預金コース		受付中	配信中	5,500 円
	金融業務3級 融資コース		受付中	配信中	5,500 円
	金融業務3級 法務コース		受付中	配信中	5,500 円
	金融業務3級 財務コース		受付中	配信中	5,500 円
	金融業務3級 税務コース		受付中	配信中	5,500 円
	金融業務3級 事業性評価コース		受付中	配信中	5,500 円
	金融業務3級 事業承継・M＆Aコース		受付中	配信中	5,500 円
	金融業務3級 リース取引コース		受付中	配信中	5,500 円
	金融業務3級 DX（デジタルトランスフォーメーション）コース		受付中	配信中	5,500 円
	金融業務3級 シニアライフ・相続コース		受付中	配信中	5,500 円
	金融業務3級 個人型DC（iDeCo）コース		受付中	配信中	5,500 円
	金融業務3級 シニア対応銀行実務コース		受付中	配信中	5,500 円
	金融業務3級 顧客本位の業務運営コース		－	上期配信	5,500 円
II	金融業務2級 預金コース		受付中	配信中	7,700 円
	金融業務2級 融資コース		受付中	配信中	7,700 円
	金融業務2級 法務コース		受付中	配信中	7,700 円
	金融業務2級 財務コース		受付中	配信中	7,700 円
	金融業務2級 税務コース		受付中	配信中	7,700 円
	金融業務2級 事業再生コース		受付中	配信中	11,000 円
	金融業務2級 事業承継・M＆Aコース		受付中	配信中	7,700 円
	金融業務2級 資産承継コース		受付中	配信中	7,700 円
	金融業務2級 ポートフォリオ・コンサルティングコース		受付中	配信中	7,700 円
	DCプランナー2級		受付中	配信中	7,700 円
I	DCプランナー1級（※）	A分野（年金・退職給付制度等）	受付中	配信中	5,500 円
		B分野（確定拠出年金制度）	受付中	配信中	5,500 円
		C分野（老後資産形成マネジメント）	受付中	配信中	5,500 円
－	コンプライアンス・オフィサー・銀行コース		受付中	配信中	5,500 円
	コンプライアンス・オフィサー・生命保険コース		受付中	配信中	5,500 円
	個人情報保護オフィサー・銀行コース		受付中	配信中	5,500 円
	個人情報保護オフィサー・生命保険コース		受付中	配信中	5,500 円
	マイナンバー保護オフィサー		受付中	配信中	5,500 円
	AML／CFTスタンダードコース		受付中	配信中	5,500 円

※ DCプランナー1級は、A分野・B分野・C分野の3つの試験すべてに合格した時点で、DCプランナー1級の合格者となります。

2024年度　サステナビリティ検定

等級	試験種目	受験予約開始日	配信開始日（通年実施）	受験手数料（税込）
–	SDGs・ESGベーシック	受付中	配信中	4,400 円
–	サステナビリティ・オフィサー	受付中	配信中	6,050 円

2024年度版
金融業務3級　シニアライフ・相続コース試験問題集

2024年6月6日　第1刷発行

編　者　一般社団法人　金融財政事情研究会
　　　　　　　　　　　　　検定センター
発行者　　　　　　　　　加藤　一浩

〒160-8519　東京都新宿区南元町19
発 行 所　一般社団法人 金融財政事情研究会
販 売 受 付　TEL 03(3358)2891　FAX 03(3358)0037
URL https://www.kinzai.jp

© 2024　KINZAI　　　　　　　　　　印刷：三松堂株式会社

ISBN978-4-322-14527-4